토기장이

"우리는 진흙이요 주는 토기장이시니
우리는 다 주의 손으로 지으신 것이라"(이사야 64:8)

하나님의 부모수업

The Love Dare for Parents
by Stephen & Alex Kendrick

Copyright © 2013 by Kendrick Brothers, LLC
All rights reserved.
Published by B&H Publishing Group

Korean translation copyright © 2020 by Togijangi Publishing House
Togijangi B/D 3F, Mangwonro 26, Mapogu, Seoul 04007, Korea

This Korean edition is published by the permission of B&H Publishing Group (Nashville, Tennessee USA) through the arrangement of Riggins International Rights Service.

본 저작물의 한국어판 저작권은 Riggins International Rights Service를 통해 B&H Publishing Group과 독점계약한 '도서출판 토기장이'가 소유합니다. 저작권법에 의하여 한국 내에서 보호를 받는 저작물이므로 무단 복제를 금합니다.

특별한 표기가 없는 모든 성경 구절은 개역개정성경을 인용한 것입니다.

하나님의 부모수업

알렉스 켄드릭 • 스티븐 켄드릭 지음 | 김진선 옮김

토기장이

이 40일간의 여정을 결코 가볍게 보지 마십시오.
힘들고 어려울 때도 종종 있겠지만
놀라운 성취감과 보람을 경험하는 시간이 될 것입니다.
이 수업을 받기 위해서는 결연한 마음과 확고한 결심이 필요합니다.
이 책은 단순히 사례를 소개하거나 테스트를 하는 데 목적이 있지 않습니다.
초반에 포기한다면 이 책이 주는 크나큰 유익을 누리지 못할 것입니다.
하지만 40일간 매일 꾸준히 읽고 실천한다면,
당신과 자녀의 인생이 변화되는 놀라운 결실을 거둘 수 있을 것입니다.
이 여정을, 앞서 이 길을 걸어간 사람들이 주는 도전으로 여기십시오.

추천의 글

사랑은 '감정이 아닌 결단'이라는 저자의 말은, 4남매를 입양하여 하루하루 사랑하겠다고 결단하며 살고 있는 우리 부부에게 엄청난 공감을 불러일으킵니다. 첫째 딸 햇살이(지금은 셋째)를 네 살에 입양해서 거룩한 마음으로 하나님께 이 아이를 맡기겠다고 기도하던 날, 오히려 '내가 너에게 맡긴 아이인데 왜 네가 다시 나에게 맡긴다는 거니?'라는 음성을 듣고 너무나 충격을 받았던 기억이 있습니다.

우리에게 주신 자녀는 출산이든 입양이든 내 소유가 아니라 하나님의 자녀임을, 부모는 그저 이 아이들이 건강하고 바르게 자라서 사회에 나갈 수 있도록 돌보아 주는 청지기 역할을 맡은 '선교사'임을 깨닫는 특별한 시간이었습니다. 그리고 그 선교사의 역할이 너무나 귀하고 감사해서 이후 세 명의 자녀를 더 입양하게 되었습니다.

선교는 일시적인 행위가 아니라 삶을 드리는 것입니다. 부모가 어떤 기준으로, 어떤 삶을 살아가느냐는 자녀들에게 고스란히 전해져서 열매로 나타납니다. 내 소유가 아닌, 하나님의 자녀를 위탁받아 양육하는 부모라는 선교사 역을 잘 감당하기 위해서는 반드시 하나님의 양육관을 배우고 그대로 실천해야 합니다. 자녀가 오히려 부모의 경력 단절을 일으키는 장애물 정도로 하찮게 치부되기도 하는 안타까운 시대에는, 선교사적 마인드로 자녀들의 인생에 기꺼이 동참하여 아름다운 믿음의 세대들을 길러내겠다고 결단하는 크리스천 부모님들이 너무나 절실히 필요합니다.

이 책은 교과서 같습니다. 하나님이 맡기신 자녀들을 하나님의 방법대로 사랑하고 양육하기 위한 실천법을 놀랍도록 자세하게 알려 주고 있습니다. 겸손한 마음으로 하나님이 주시는 지혜를 구하며 40일간 저자의 제안을 하루하루 배우고 실천할 때, 하나님의 질서대로 가정이 회복되고 사랑이 회복되는 놀라운 경험을 하실 거라 확신합니다.

세상의 혼탁하고 거짓된 가치관 속에서 보석처럼 빛나는 믿음의 자녀들을 세우기 위해, 지금 이 시간에도 눈물과 무릎으로 기도하는 모든 크리스천 부모님을 축복합니다.

강내우 성악가, 버금아트미션 대표, 유튜브 '버금아트미션TV', '가평별곡' 운영자

이 책은 하나님의 마음으로 우리를 가르쳐 줍니다. 자녀의 삶을 하나님 손에 맡기는 부모가 되어야 한다는 것을 알려 줍니다. 부모가 자녀를 위해 아무리 최선을 다해 노력한다 하더라도, 부모 됨의 부족함과 연약함을 솔직하게 고백하는 마음으로 주님을 의지하며 기도하는 것이야말로 가장 훌륭한 부모가 되는 길이라는 것을 가르쳐 줍니다. 이 책과 함께 40일 동안 주님의 사랑을 묵상하고, 용기 내어 삶으로 실천해 볼 수 있다면, 분명 여러분의 삶은 새롭고 놀라운 일을 경험하게 될 것입니다.

권복음 충신교회 부목사, 「아빠 태교 동화」 저자

이 책의 저자인 켄드릭 형제를 만난 건 「남자의 결단」이라는 책을 통해서였습니다. 좋은 남편, 좋은 부모가 되고 싶은 마음이 컸던 30대 초반에 만난 그들의 글에서 저는 많은 도전과 유익을 얻었습니다. 그리고 마흔이 되어 다시 그들의 책 「하나님의 부모수업」을 만났습니다. 결코 외면할 수 없는 부모로서의 사명, 하지만 조금 느슨해져 있던 부모로서의 제 마음을 돌아보게 되었습니다. 이 책과 함께하는 40일간의 여정은 하나님께서 원하시는 좋은 부모가 되어 가는 길이 될 것입니다.

염평안 "요게벳의 노래" 작사, 작곡자

제가 결혼하는 신랑, 신부에게 커플 성경과 함께 꼭 챙겨 주는 선물은 「부부, 사랑을 배우다」라는 책입니다. 결혼했다고 해서 저절로 좋은 부부가 되고, 끝까지 사랑할 수 있는 것이 아니기 때문에 매일 사랑하기로 결단하고 그것을 실천하라는 마음에서입니다. 동일한 저자의 책, 「하나님의 부모수업」 또한 쉽고도 분명한 내용으로 하나님의 마음을 닮아 가는 좋은 부모로 성장하는 데 필요한 실제적인 가이드를 제공하고 있습니다. 모든 부모에게는 자녀를 사랑으로 훌륭하게 양육하면서 하나님 아버지를 나타내는 거울이 되고 싶은 간절한 열망이 있습니다. 그러나 좋은 부모는 저절로 되는 것이 아님을 우리는 매일 자녀로 인해 무너지는 현실 속에서 확인하게 됩니다. 사랑해야 한다는 진리는 알지만, 그것을 살아내는 것은 어렵습니다. 하지만 이 책에서 제안하는 대로 매일 자녀 사랑을 구체적으로 훈련하고 실천하다 보면 정말 어느

날 문득 달라져 있는 부모와 자녀의 모습을 발견하게 되리라 소망하며, 모든 부모들에게 꼭 추천하고 싶습니다.

윤경숙 온누리교회 부목사, 양재 헬로맘 담당

자녀 양육의 길은 먼 목적지를 향해 떠나는 트래킹에 비유할 수 있습니다. 끝이 보이지 않는 거친 길을 바라보며 무력감과 고통을 느낄 때도 있고, 길을 걸으며 만나는 아름다운 풍경과 나무 그늘 아래에서의 휴식 속에서 그동안의 고단함을 잊는 기쁨을 느낄 수도 있습니다. 하지만 마지막까지 잘 완주하기 위해서는 길을 안내하는 이정표를 놓치지 않아야 합니다. 이 책에는 자녀 양육을 위한 40개의 이정표가 들어 있는데, 이 책의 큰 가치는 각 이정표의 끝에 있는 실천사항과 질문입니다. 이 책을 가장 잘 소화하는 방법은 가능하면 하루에 하나씩 읽고 실천과 질문으로 자신의 자녀 양육을 되새겨 보는 것입니다. 자녀를 양육하는 가운데 길을 잃은 것 같은 모든 분에게 이 책을 추천합니다.

전광진 목사, 분당우리교회 훈련디렉터

자녀 양육의 길은 자녀를 성장하게 하는 길이기도 하지만, 사실 부모가 가장 많이 성장할 수 있는 길이기도 합니다. 자녀를 사랑하고 존중하고 훈련한다는 것은 때로 매우 어려운 결단과 의지의 영역이기 때문입니다. 자녀와 평생에 걸쳐 좋은 관계를 맺을 수 있다는 것은 사실 세상의 어떤 것보다 가장 귀한 것을 얻는 것이라고 해도 과언이 아닐 것입니다. 이 책에는 우리의 자녀들을 헛된 곳에서 사랑을 구하지 않는 아이, 하나님을 경외하고 자신의 삶을 잘 살아갈 수 있는 아이로 키울 수 있는 지혜가 가득 담겨 있습니다. 교회에서 함께 읽고 소그룹으로 독서모임을 진행한다면 두세 배로 많은 유익을 얻을 수 있을 것입니다.

정은진 진로와소명연구소장, 「우리 아이 기초공사」 저자

저자 서문

2008년에 「부부, 사랑을 배우다」(Love Dare)라는 책을 처음 선보인 후, 우리는 전 세계 사람들이 그들의 결혼 생활에서 매일 그 사랑의 원리들을 배우고 실천하고 있다는 사실에 흥분과 설렘을 감출 수 없었습니다. 일일이 세기 어려울 정도로 수많은 이메일이 쇄도했습니다. 부부간에 애틋한 사랑이 다시 싹트게 되었다는 이야기, 시름시름 죽어 가던 관계가 다시 회복되었다는 이야기, 헌신적인 참 사랑의 본질을 다시 깨닫게 되었다는 이야기가 담긴 사연들이었습니다.

그와 동시에 우리가 가장 많이 받았던 요청은 자녀와 부모가 함께할 수 있는 비슷한 과정을 개발해 달라는 것이었습니다. 그래서 우리는 깊은 감사의 마음을 담아 「하나님의 부모수업」을 선보이게 되었습니다.

이 책은 자녀들과 일상의 관계를 이어갈 때, 부모가 더 효과적으로 자녀들을 돌보며 용기를 내어 과제를 감당하도록 도전하는 내용을 담고 있습니다. 「부부, 사랑을 배우다」와 비슷한 형식으로 되어 있지만, 내용은 완전히 새로운 것입니다.

우리의 부모님이신 래리와 론윈 켄드릭 두 분에게 감사의 마음을 전하지 않을 수 없습니다. 두 분은 사랑으로 우리를 길러 주셨을 뿐 아니라, 이 책을 쓸 때에도 많은 조언과 아이디어를 아낌없이 나누어 주셨습니다. 두 분의 기도를 통한 지원, 한결같은 성실함, 삶으로 직접 보여 준 모범이 이 책의 거의 모든 장마다 그대로 녹아들어 있습니다.

이 책에 수록된 자녀 양육의 원리들 가운데는 너무나 단순하고 당연해 보이는 것도 있지만, 가정생활에 획기적인 개념을 제공하는 원리들도 적지 않습니다. 중요한 것은, 새로운 개념을 배우기만 하는 것이 아니라, 그 개념을 자녀들과의 관계 속에서 매일 꾸준하게 실천하는 것입니다. 올바로 적용할 때 진리는 변화를 불러일으킵니다. '이미 다 아는 내용이야'라는 생각이 들 때마다 '그렇다면 실제로 나는 실천하고 있는가?'라고 스스로에게 반문해 보아야 합니다. 이런 경험들이 당신을 새로우면서도 역동적인 사고방식과 생활방식으로 이끌기를 진심으로 기원합니다.

부모라면 누구나 개선이 필요한 부분들에 대해 고민하지만, 실제로는 어떻게 실행해야 할지 막막해하는 경우가 적지 않습니다. 이 책은 바쁜 부모들이 자녀의 성장 단계에 맞게 자녀들을 사랑하고 관계를 향유하도록 돕는 데 초점을 맞추었습니다. 부모가 자녀에게 꾸준히 순수한 사랑을 전하는 습관을 개발하도록 돕는 것이 이 책의 목표입니다.

더불어 자녀들이 부모를 더 이해하고 존경하며 사랑의 관계를 지속하는 데 이 책이 도움이 되기를 바랍니다. 이러한 경험은 아이들을 더 효과적으로 가르치고, 미래 세대에 더 강한 유산을 물려줄 수 있도록 훈련하는 데 도움이 될 것입니다.

이 책을 쓰면서 자녀가 취학 전이든 대학에 다니든 상관없이 모두에게 의미 있는 내용이 되게 하려고 노력하였지만, 때로는 자녀의 연령과 환경에 맞게 응용해야 하는 부분도 있을 것입니다.

자녀가 어떤 반응을 보이든지 포기하지 말고 이 여정을 즐길 수 있기를 바랍니다. 이제 본격적인 여정을 시작하기에 앞서, 미리 점검해 보았으면 하는 다섯 가지의 질문을 소개하겠습니다.

1. 한부모이거나 배우자가 참여를 원치 않을 경우에는 어떻게 해야 하나요?

전혀 문제될 것 없습니다. 자신의 상황에 맞게 각 도전의 내용을 응용해 보세요. 개인적인 자녀 양육 방식뿐 아니라 자녀들과의 일 대 일 관계를 강화시킬 좋은 기회가 될 것입니다.

2. 각 과정을 따라가지 못하고 지체된다면 어떻게 해야 하나요?

모든 도전을 완벽하게 다 따라하지 못한다고 죄책감을 느낄 필요는 없습니다. 자신의 속도에 맞추면 됩니다. 따라가기 힘든 순간이 있다 하더라도 서두르지 않고 여정을 마무리하는 것이, 40일 만에 프로그램을 완수하는 것보다 더 중요하다는 사실을 기억하세요. 최선을 다하되, 필요한 경우 자신의 상황에 맞게 내용을 응용하세요.

3. 지금 자녀들과 함께 살고 있지 않는 경우에는 어떻게 해야 하나요?

포기하지 말고 창의적으로 도전해 보세요. 할 수 있는 일에 집중하는 겁니다. 책에서 읽는 도전 내용을 숙지해 두었다가, 나중에 자녀와 만났을 때 기회를 놓치지 말고 과제를 실천해 보는 것도 가능합니다. 아니면 도전 내용을 가지고 자녀를 위해 기도할 수도 있습니다. 자녀와 편지나 인터넷으로 과제를 실행하는 방법도 있습니다. 상황에 맞춰 다양하게 응용해 보세요.

4. 자녀들이 과제에 응하지 않을 경우에는 어떻게 해야 하나요?

이 과정은 자녀들의 반응보다는 부모 된 우리가 사랑하는 방법을 배우는 데 의미가 있습니다. 포기하지 말고 계속하세요. 자녀들이 즉각적으로 긍정적인 반응을 보이는 경우가 대부분이겠지만, 시간이 더 필요한 경우도 있습니다. 자녀들과 오랫동안 고통스러운 관계를 이어왔고 내적 상처가 해결되지 않은 상태라면 더 많은 노력과 치유의 시간이 필요할 것입니다. 조급하게 생각하지 말고 길게 내다보고 인내하세요. 조건 없는 사랑의 힘을 절대 가볍게 생각해서는 안 됩니다.

5. 한 번에 한 자녀를 대상으로 이 프로그램을 진행해야 하나요? 아니면 동시에 모든 자녀를 대상으로 해야 하나요?

어느 쪽이든 상관없습니다. 한 자녀씩 각각 40일간의 프로그램을 진행하여 모든 자녀가 각기 특별한 경험을 하도록 할 수도 있습니다. 하지만 이 경우에는 더 많은 시간이 필요하다는 점을 기억해야 합니다. 이 방식을 선택할 경우, 나머지 자녀들이 현재 진행되는 과정을 이해하도록 양해를 구함으로 특정한 아이를 편애한다는 인상을 주지 않도록 조심해야 합니다. 모든 자녀와 이 과정을 함께 하는 것도 가능합니다. 하지만 개별적인 관심이 필요한 과정일 경우에는, 각 자녀와 개별적으로 그 과정을 마무리한 후 다음 단계로 나아가야 합니다. 당신의 상황에서 가장 효과적인 방법을 다양하게 시도해 보는 것이 좋습니다.

이 책을 통해 자녀와 부모 관계에 특별한 활기와 용기를 새롭게 공급받을 수 있기를 기도합니다. 또한 새롭게 배우고 깨우친 내용을 꼭 다른 사람들과 함께 나누어 그들이 용기와 힘을 얻도록 도와주기를 바랍니다. 어렸을 때 우리 부모님도 우리에게 이런 시도를 해주었으면 하는 마음이 있지 않았습니까? 용감하게 사랑하십시오!

주님의 축복이 함께하기를!

알렉스 켄드릭과 스티븐 켄드릭

"아버지께서 나를 사랑하신 것같이 나도 너희를 사랑하였으니 나의 사랑 안에 거하라." (요 15:9)

무료평가 ──── 부모로서 현재의 모습 돌아보기

부모로 살다 보면 해야 할 일들과 용무로 바빠서 한 발 물러서서 자신의 모습을 돌아보거나 자신이 진정 원하던 방향으로 자녀들을 사랑하고 있는지 살필 시간을 내기가 쉽지 않습니다.

우리는 여러분이 현재의 자녀 양육 방식을 간단히 돌아보고, 이 부모수업 과정에서 자신의 진보를 한눈에 확인할 수 있도록 돕기 위해 '개인 맞춤형 무료 자녀 양육 평가 프로그램'을 개발하였습니다. 이 프로그램은 간단하고 접근이 용이할 뿐 아니라 개인적 용도로 사용할 수도 있습니다.

LoveDareTest.com에 접속해 보십시오.

잠시만 시간을 투자하면 성장이 필요한 핵심 영역을 찾아낼 수 있고, 이 책을 더 효과적으로 활용할 수 있는 방법을 확인할 수 있습니다. 더불어 성공적인 자녀 양육에 도움이 되는 여러 가지 중요한 범주들에 대한 유익한 제안들을 제공받을 수 있습니다. 또한 이 책의 특정 '일자'로 다시 돌아가서, 자신의 필요를 강도 높게 다루도록 피드백을 받을 수도 있습니다. 그리고 원한다면 같은 테스트를 반복해서 받고 그때마다 자신의 성장 정도를 확인해 볼 수도 있

습니다.

신앙과 대인 관계에 관한 문화적 동향과 관련 이슈를 전문으로 조사하는 여론 조사 기관인 라이프웨이 리서치와 공동으로 만든 이 특별한 자녀 양육 평가 도구는 많은 유익한 정보를 제공해 줄 것입니다. 혼자서 이 과정에 도전하든, 배우자와 함께하든, 혹은 익명으로 하든, 이 평가 도구는 당신이 부모로서 성장하는 데 있어 매우 유익하게 사용될 것입니다.

동일한 사이트에서 FREE Love Dare Marriage Evaluation도 활용해 보십시오. 우리는 여전히 많은 것을 배워야 하지만, 서로 더 사랑하고 자녀들을 더 사랑할 기회가 있기에 우리의 미래는 밝고 희망찰 것입니다.

차례

추천의 글 | 저자 서문 | 무료평가 | 서문

Day 01 사랑은 꽃이 피게 합니다 • 22
Day 02 사랑은 오래 참습니다 • 28
Day 03 사랑은 친절합니다 • 34
Day 04 사랑은 자녀를 귀한 선물로 바라봅니다 • 40
Day 05 사랑은 놀랍습니다 • 46
Day 06 사랑은 이기적이지 않습니다 • 52
Day 07 사랑은 쉽게 화내지 않습니다 • 58
Day 08 사랑은 마음을 얻습니다 • 64
Day 09 사랑은 소중하게 품어 줍니다 • 70
Day 10 사랑은 무례히 행하지 않습니다 • 76
Day 11 사랑은 가르칩니다 • 82
Day 12 사랑은 격려합니다 • 88
Day 13 사랑은 자녀를 훈계합니다 • 94
Day 14 사랑은 긍휼히 여깁니다 • 100
Day 15 사랑은 하나님이 주시는 것입니다 • 106
Day 16 사랑은 하나님을 경외합니다 • 112
Day 17 사랑은 하나님의 축복을 구합니다 • 118
Day 18 사랑은 본을 보여 줍니다 • 124
Day 19 사랑은 보호합니다 • 130
Day 20 사랑은 시간이 필요합니다 • 136
Day 21 사랑은 공평합니다 • 142
Day 22 사랑은 권위를 존중합니다 • 148
Day 23 사랑은 중보합니다 • 154

Day 24 사랑은 용서합니다	• 160
Day 25 사랑은 책임을 집니다	• 166
Day 26 사랑은 예수 그리스도입니다	• 172
Day 27 사랑은 하나님 안에서 만족합니다	• 178
Day 28 사랑은 하나님의 말씀입니다	• 184
Day 29 사랑은 경청합니다	• 190
Day 30 사랑은 마음을 돌보고 지켜 줍니다	• 196
Day 31 사랑은 영향을 미칩니다	• 202
Day 32 사랑은 미리 준비합니다	• 208
Day 33 사랑은 축복합니다	• 214
Day 34 사랑과 결혼	• 220
Day 35 사랑은 진리 안에서 기뻐합니다	• 226
Day 36 사랑은 모든 것을 견딥니다	• 232
Day 37 사랑은 꿈을 이루어 줍니다	• 238
Day 38 사랑은 자유를 줍니다	• 244
Day 39 사랑은 절대 낙심하지 않습니다	• 250
Day 40 사랑은 유산을 남깁니다	• 256

부록 1 성경은 체벌에 대해 어떻게 말하는가? • 264
부록 2 가족과 함께하는 시간을 최대한 확보하기 위한 12가지 방법 • 268
부록 3 자녀들을 위해 기도하는 법 • 272
부록 4 기도의 자물쇠와 열쇠 • 275
부록 5 하나님과 화평을 누리는 법 • 280
부록 6 자녀들이 암송해야 할 성경 구절 • 286
부록 7 자녀의 생각과 생활을 알아보기 위한 질문 • 289
부록 8 생활 속의 하나님의 말씀 • 293

서문 _____ 이제 시작입니다

성경은 자녀가 하나님의 선물이라고 말합니다. 자녀는 우리 인생의 아름다운 열매이자 화살통에 든 보배로운 화살입니다(시 127:3-5). 그들을 자신의 형상으로 만드시고, 목적을 가지고 창조하시며, 거침없이 끝까지 사랑하시는 하나님은 그 자녀를 돌볼 책임을 부모에게 맡겨 주셨습니다. 자녀들은 부모의 유업이자 유산입니다.

우리의 부모 세대는 지금까지 살아온 삶의 방식을 바꾸기가 쉽지 않겠지만, 우리 아이들은 미정형의 주물처럼 변화가능성이 무궁무진합니다. 세상이 보기에 우리는 평범한 시민에 불과할지 몰라도, 아들과 딸들에게 우리는 영웅이자, 위기에서 구해 주는 구세주이며, 꿈을 이루어 주는 든든한 후원자가 될 수 있습니다. 그들은 부모인 우리에게서 매일 자신의 정체성과 가치와 의미를 발견하는 존재들입니다.

자녀들이 성인이 되어 우리 곁을 떠날 시간이 얼마나 빨리 오는지 제대로 이해하고, 그들과 함께하는 매순간이 얼마나 소중한지 안다면, 우리의 마음은 급해지고 초조해질 것입니다. 한 아이가 태어나 18세가 되기까지 대략 6,575일이 걸린다고 합니다. 자녀가 성년이 된다고 부모 역할이 끝나지는 않겠지만, 대부분의 부모는 순간적인 쾌락과 허무한 재물을 쫓느라 이 귀중한 기회를 너무나 쉽게 허비합니다.

이 책은 기회가 허락될 때마다 자녀들을 사랑하고 영향력을 미치도록 도전할 것입니다. 우리의 미래는 자녀들에게 희생적이고 무조건적인 사랑을 알려 주는 경험의 직조물이 될 수 있습니다. 자녀를 키우는 일은 경이롭고, 어려우며, 인생을 변화시키는 놀라운 경험입니다. 부모만큼 자녀들에게 지대한 영향을 미칠 사람은 없습니다. 그러므로 이 모험을 시작하는 당신에게 하나님의 축복이 함께하기를 바랍니다.

그러나 명심해야 할 것이 있습니다. 이 일에는 용기와 인내가 필요합니다. 이 도전을 받아들인다면 마음이 이끄는 대로 따라가지 말고, 마음을 다스려야 한다는 사실을 명심해야 합니다. 성경은 "만물보다 거짓되고 심히 부패한 것은 마음"(렘 17:9)이며, 마음은 항상 순간적으로 옳다고 느끼는 것을 쫓아간다고 말합니다.

이 여정 가운데 열정이 메마르고 아무 의욕도 생기지 않을 때를 만난다 하더라도, 감정에 휘둘리지 말고 진정한 사랑을 탐색하며 증명해 가는 과정이라는 사실을 기억하십시오. 사실 사랑은 단순한 감정이 아니라 결단입니다. 자기중심적이지 않고 희생적이며 변화를 추구하는 것이 사랑입니다. 본연의 모습대로 진정으로 사랑을 베풀 때, 더 큰 기쁨과 더 지속적인 영향력을 누리며 후회 없는 유산을 남길 수 있을 것입니다.

「부부, 사랑을 배우다」와 마찬가지로 이 여정은 매일 중요한 세 가지 요소를 담고 있습니다.

첫째, 사랑과 자녀 양육의 특별한 면에 대해 다룰 것입니다. 매일 꼼꼼하게 정해진 분량을 읽고, 자녀에게 진심으로 사랑을 표현한다는 것이 무슨 의미인지 새롭게 이해하는 시간을 가지십시오.

둘째, 자녀를 위해 실행해야 할 구체적인 과제를 '오늘의 부모수업'을 통해 소개받을 것입니다. 어떤 과제는 쉽고 어떤 과제는 매우 어려울 것입니다. 그러나 각 도전을 진지하게 받아들이고 창의적이고 용감하게 도전하십시오. 외부 사정으로 인해 특정 과제를 이행할 수 없다 하더라도 낙심하지 마십시오. 기회가 생기면 바로 돌아가서 그 여정을 계속 이어가면 됩니다.

마지막으로, 노트를 하나 준비하여 각 장이 끝날 때마다 학습 내용, 실천 내용, 자녀의 반응을 일지처럼 기록해 보십시오. 당신과 자녀들의 상황을 차근차근 정리해 나간다면 이 기록들은 미래에 당신과 자녀들에게 소중한 자산이 될 것입니다.

포기하지 말고 낙심하지도 마십시오. 용기를 내어 끝까지 이 도전을 완수하겠다는 결심을 하십시오. 우리가 해야 할 수많은 중요한 일이 있겠지만, 그중에서 가장 중요한 것은 진정으로 사랑하는 법을 배우는 것입니다.

"그런즉 믿음, 소망, 사랑, 이 세 가지는 항상 있을 것인데 그 중의 제일은 사랑이라."(고전 13:13)

내가 사람의 모든 말과 천사의 말을 할 수 있을지라도,
내게 사랑이 없으면, 울리는 징이나 요란한 꽹과리가 될 뿐입니다.
내가 예언하는 능력을 가지고 있을지라도,
또 모든 비밀과 모든 지식을 가지고 있을지라도,
또 산을 옮길 만한 모든 믿음을 가지고 있을지라도,
사랑이 없으면, 아무것도 아닙니다.
내가 내 모든 소유를 나누어줄지라도,
내가 자랑삼아 내 몸을 넘겨줄지라도,
사랑이 없으면, 내게는 아무런 이로움이 없습니다.

고린도전서 13:1-3, 새번역

Day 01

사랑은 꽃이 피게 합니다

너희가 사랑 가운데서 뿌리가 박히고 터가 굳어져서.

엡 3:17

사랑은 인생에서 가장 순수하고 강력한 동기로 작용할 수 있습니다. 사랑은 언제나 타인에게 최선이 되는 방향으로 노력하도록, 우리의 관계가 새롭게 성장해 가도록 힘을 실어 줍니다. 우리의 일상에 신선한 향기를 더해 주고, 베푸는 손길에 새로운 기쁨을 가져다 줍니다. 사랑이 있을 때 관계는 더욱 의미를 지니게 됩니다. 사랑 없이 진정한 행복을 누릴 수 있는 가정은 이 세상에 하나도 없습니다.

이런 이유로 사랑은 자녀들을 키울 가장 풍성한 토양을 조성합니다. 온실의 화초들이 성장에 필요한 이상적인 환경을 제공받듯이, 사랑이 넘쳐흐르는 가정은 자녀들을 잘 자라게 하는 최고의 환경이라 할 수 있습니다. 자녀들은 부모의 사랑의 결실로 태어나지만, 또한 매일의 일상생활 속에서도 부모의 사랑이라는 자양분 속에 깊이 뿌리내려야 합니다.

　모든 자녀는 사랑에 대한 일생의 갈증을 지니고 태어난다고 합니다. 그들의 작디작은 폐에 산소가 필요하듯이, 그들의 심장은 사랑을 절대적으로 필요로 합니다. 그들은 사랑으로 채움을 받고 에너지를 공급받습니다. 사랑으로 안정을 누리고 평안함을 얻습니다. 사랑이 풍성한 가정에서 자라는 아들들은 낮에는 다른 아이들보다 더 두각을 드러내고 밤에는 더 깊은 숙면을 취할 가능성이 높습니다. 사랑에 뿌리내린 딸들은 서 있을 때 더 환하게 빛나고, 넘어지더라도 두려워하지 않습니다. 아낌없는 가족들의 축하로 성공의 기쁨은 두 배로 커지고, 실패를 하더라도 따뜻한 위로 속에서 충격을 최소화할 수 있습니다.

　자녀들을 향한 부모의 사랑은 재물을 주는 것보다 훨씬 더 귀중하고 가치 있습니다. 자녀들을 유명한 사립학교에 보낼 수도 있고, 고가의 명품 옷만 사서 입힐 수도 있습니다. 가장 현명한 규칙으로 아이들을 훈육할 수도 있고, 아이들이 가장 힘들어하는 일을 용기를 내어 직면하도록 도울 수도 있습니다. 그러나 자녀들이 부모의 무조건적 사랑 안에 있지 못하다면, 인생에서 진정한 성공을 거두는 데 필요한 훨씬 더 중요한 것을 무시하는 것이라 할 수 있습니다.

　자녀들은 마음 깊은 곳에 결코 외면할 수 없는 근본적인 질문을 품고 이 세상에 태어납니다. '나는 중요한 존재인가?' '나를 진심으로 사랑하고 염려해 주는 사람이 있는가?' '내게는 필요한 능력이 있는가?' 아무리 세월이 흐르고 세상의 가치관이 변한다 하더라도, 자녀들의 이런 질문에 명확하고 지속적으로 대답해 주도록 하나님이 선택하신 가장 중요한 존재가 부모라는 사실은 절대 변하지 않습니다.

"사랑해"라는 말의 진정성을 확신하지 못할 때, 아이들은 스스로의 행동이나 타인의 인정을 통해 사랑을 확인하고 싶은 유혹을 끊임없이 받을 것입니다. 늘 불안감에 시달릴 것입니다. 자기 가치에 대한 의심과 정체성의 불안으로 인해 실패하고 넘어질 때 더 큰 충격을 받을 것입니다.

그러나 부모의 지극한 사랑을 받는 자녀는 어떻게 될까요? 필요를 지속적으로 충족 받을 수 있습니다. 그들의 꿈은 진정으로 지지받고 격려받습니다. 부모의 이해를 받습니다. 부모의 거리낌 없는 애정을 누립니다. 이런 자녀들은 교훈과 보호를 받습니다. 훈육과 용납함을 받습니다. 부모가 언제든지 참아 주며 용서해 줄 것이라는 믿음을 갖게 되며, 부모가 과잉 반응을 할지 모른다는 두려움 없이 솔직하고 편안하게 속내를 털어놓을 수 있습니다. 부모의 사랑을 확신하는 가운데 누리는 안전감 때문에 큰 낙심과 실망을 겪더라도 넉넉히 견뎌 나갑니다. 나아가 부모와 자녀 사이에 이런 사랑의 관계가 발전할 때 부모의 신념과 가치, 믿음과 유산을 그들과 미래 세대들에게 전수할 수 있는 최적의 환경이 마련됩니다.

사랑은 인생의 교훈과 가혹한 현실들을 다룰 안전지대를 만들어 줍니다. 진정한 사랑으로 이루어지는 책망과 훈육은 거부감 없이 쉽게 받아들여질 수 있습니다. 부모의 따뜻한 사랑과 애정이 함께하는 환경에서 부모의 현명한 조언을 일찌감치 받을 수만 있다면, 자녀들은 사람들의 거짓말을 더 쉽게 분별하고 거부할 수 있을 것입니다.

성경은 다음과 같은 말씀으로 이 사실을 설명해 주고 있습니다. "우리는 이 이상 더 어린아이로 있어서는 안 됩니다. 우리는 인간의 속임수나, 간교한 술수에 빠져서, 온갖 교훈의 풍조에 흔들리거나, 이리저리 밀려다니지 말아야 합니다. 우리는 사랑으로 진리를 말하고 살면서, 모든 면에서 자라나서, 머리가 되시는 그리스도에게까지 다다라야 합니다"(엡 4:14-15, 새번역).

교회 내의 영적 성장을 설명하는 말씀이기는 하지만, '사랑으로 진리를 말하는' 힘은 효과적인 자녀 양육의 기본이 됩니다. 진리는 무엇을 말해야 할지 알려 주지만, 사랑은 그 말을 해야 하는 때와 방식과 이유를 알려 줍니다. 사랑이 비옥한 토양이 될 때 진리는 더 알찬 열매를 맺을 수 있습니다.

진리와 사랑이 함께할 때 부모와 자녀는 두터운 신뢰를 형성하게 됩니다. 반대로 분노와 원한, 불안감, 정서적 고립감으로 관계가 오염된 상태에서 부모가 억지로 진리를 강요한다면, 그 진리는 시간이 흐르면서 왜곡되거나 거부당할 수 있습니다. 그동안 쌓인 오해와 고통은 아무도 모르게 번져나간 잡초처럼 우리의 진심이 제대로 전달되지 못하게 방해할 수 있습니다. 현명한 조언을 아무리 분명하게 전달한다 해도 오염된 토양에 떨어질 수 있습니다. 과거의 상처를 드러내고 깊이 공감하는 마음으로 다가가서 아이가 마음을 열고 듣도록 해야 하는 이유가 여기에 있습니다.

아래 질문에 답하며 스스로를 점검해 보기 바랍니다.

- 우리 가정의 토양은 얼마나 사랑으로 풍성하고 비옥한가?
- 우리 아이들은 매일 내게서 얼마나 깊은 사랑을 느끼는가?
- 내가 나눈 진리들은 아이들 가운데 깊이 뿌리내리고 있는가, 아니면 무시당하고 있는가?
- 제거해야 할 잡초나 유해물은 무엇인가?

어쩌면 당신은 사랑이 돈독한 가정에서 성장한 덕분에 자녀들에게 아낌없이 사랑을 쏟는 것을 당연하고 쉽게 받아들일 수 있을지도 모릅니다. 반대로 늘 가정에서 심각한 사랑의 결핍을 느꼈기 때문에 지금껏 누구에게도 받은 적 없고 본 적도 없는 것을 자녀에게 베풀기를 간절히 바랄 수도 있습니다. 어느 경우이든, 우리는 자녀들이 꽃을 피울 수 있도록 견고한 사랑의 환경을 만드는 데 전력하겠다는 결단을 내려야 합니다. 오늘 당장 이 일을 시작하겠다는 결단을 하기 바랍니다.

언어는 사랑을 전하는 확실한 방법입니다. 첫 번째 도전은 자녀들에게 간단한 말로 사랑을 표현할 순간을 찾아내는 것입니다. 집에서 함께 살고 있든지 아니면 통화만 할 수 있든지 간에, 오늘 꼭 "사랑한다"는 말을 자녀에게 들려주십시오.

☐ 오늘의 수업을 완수했으면 여기에 표시하십시오

- 사랑을 말로 표현했을 때 어떤 결과가 나타났습니까?
- 자녀들은 반응을 보였습니까?
- 이 일이 쉬운 도전이었습니까, 아니면 어려운 도전이었습니까?
- 때로 당연하게 느껴지는 이런 간단한 사랑의 표현들을 꾸준히 해야 하는 이유는 무엇입니까?

내 계명은 곧 내가 너희를 사랑한 것같이
너희도 서로 사랑하라 하는 이것이니라. (요 15:12)

Day 02

사랑은 오래 참습니다

―※―

또 아비들아 너희 자녀를 노엽게 하지 말고
오직 주의 교훈과 훈계로 양육하라.
엡 6:4

누군가를 진정으로 사랑한다면 두 가지 핵심적인 태도를 꾸준히 보여야 합니다. 바로 오래 참음과 친절함입니다. 실제로 사랑이 가지고 있는 많은 특징은 그 밑바탕에 이 두 가지 속성이 깔려 있습니다. 오래 참음이 사랑으로 부정적인 것을 완화시키는 것이라면, 친절함은 사랑으로 긍정적인 것을 시작하는 행동입니다. 전자가 들숨이라면 후자는 날숨에 해당합니다. 알다시피 자녀를 기르기 위해서는 이 두 속성이 무한정 필요합니다. 그러나 지금은 이 두 속성 중 오래 참음을 중점적으로 살펴보고자 합니다.

누군가의 더 큰 유익을 위해 사랑으로 '오래 견디기로' 작정할 때 오래 참게 됩니다. 마치 숙련된 농부가 뜨거운 태양의 열기를 견뎌야 풍성한 수확을 할 수 있음을 알고, 즐겁게 그 수고를 감당하는 것과 같습니다. 지혜로운 건축자가 청사진을 짜기 위해 기꺼이 수고하며 계약을 이끌어 내고, 청사진대로 건물을 세울 수 있도록 자재 공급을 꼼꼼하게 감독하는 모습에서 오래 참음이 무엇인지 확인할 수 있습니다. 농부든 건축자든, 포기하고 싶은 마음이 든다 하더라도 끝까지 견뎌야 합니다. 풍성한 수확을 할 때까지, 무사히 집을 완공할 때까지 매일 시간을 들이고 고된 수고를 감당해야 합니다.

마찬가지로, 자녀를 사랑하는 부모는 이 놀라운 속성을 끝까지 보여 주어야 합니다. 부모는 자녀를 양육하고 길러내고 있으며, 부모의 수고와 희생은 결국 보상을 받을 것입니다. 그러나 당장 오늘은 포기하지 않고 오래 참는 인내가 필요합니다. 이런 오래 참음은 우리 모두에게 꼭 필요하지만 현실적으로 제대로 실천하기란 여간 어려운 일이 아닙니다. 그러나 자녀를 사랑하는 부모라면 오래 참아야 합니다. 오래 참아야만 여러 가지 어려움과 문제로 힘들 때 필요한 은혜와 평안을 누릴 수 있을 뿐 아니라, 부모와 자녀 모두 성숙에 이를 수 있습니다.

자녀들은 거슬리는 목소리나 불순종하는 태도, 무책임한 행동, 부모를 존중하지 않는 무례함으로 부모의 인내심을 시험하는 놀라운 재주를 갖고 있습니다. 때로 부모는 화가 치밀어 올라서 어린 자녀의 마음과 생각에 상처를 주는 말이나 행동을 할 수도 있습니다. 이런 부모의 모습은 자녀의 마음에 오랫동안 지워지지 않을 깊은 상처를 남기기도 합니다.

하나님의 참으심을 배워야 할 이유가 여기에 있습니다. 시내산 정상에 오른 모세는 하나님께서 끊임없이 반역하고 원망하는 자기 자녀들을 계속 참고 용납하시는 이유를 알게 되었습니다. "자비롭고 은혜롭고 노하기를 더디하고 인자와 진실이 많은 하나님이라"(출 34:6). 하나님은 넘치는 사랑으로 분노를 통제하시는 분입니다. 만약 그분이 단호하게 분노를 표출하신다면, 그것은 수없이 자비를 베푸시고 오래 참으신 후에나 일어나는 일입니다.

지금도 하나님은 여전히 자신의 자녀인 우리에게 은혜를 베푸시며 오래 참으십니다. 그러므로 우리는 이기적일 때, 사랑받을 만한 모습을 전혀 보이지 못할 때, 쓸데없는 일에 정신을 팔고 불순종할 때에도 우리를 향해 오래 참으시는 하나님의 사랑을 기억하고, 그 사랑의 본이 우리와 자녀에게 흘러넘치도록 해야 합니다.

자녀들 앞에서는 절대 분노를 폭발해서는 안 됩니다. 부모가 화를 자제하는 모습을 보면서 자녀들 역시 화를 조절하는 법을 배우기 때문입니다. 성경은 "분을 내어도 죄를 짓지 말며"(엡 4:26)라고 말합니다. 분명 화를 내야 할 때도 있겠지만, 결코 선을 넘어서는 안 됩니다. 현명하게 훈육과 책망을 시행해야 할 때도 있겠지만, 사랑으로 인내하는 모습을 먼저 보여 주어야 합니다.

자녀들에게 걸핏하면 화를 내고 체념하는 모습을 보여 줍니까? 아니면 깊이 공감해 주고 참을성 있게 기다려 주는 모습을 보여 줍니까? 사랑은 절제할 수 있습니다. 사랑이 있으면 감정에 휘둘리기보다 감정을 조절합니다. 쉽게 분노를 표출하기보다 묵묵히 참고 기다리는 인내심을 발휘합니다. 만약 불필요하게 화를 냈다면, 겸손히 마음을 가다듬고 자녀가 상처입지 않도록 신속히 사과해야 합니다.

분노는 잔인합니다(잠 27:4). 서로 반목하고 멀리하게 합니다. 우리를 취약하게 하고 다른 사람들에게 상처를 줍니다. 나중에 후회할 어리석은 행동을 하게 만듭니다. 분을 낸다고 상황이 호전되는 경우는 거의 없습니다. 오히려 또 다른 문제들이 발생하기 십상입니다.

화를 자제하지 못해 고민이라면 스스로에게 그 이유를 물어보기 바랍니다. '자녀들에게 거는 기대는 현실적인가?' '다른 사람에게 화가 났는데 엉뚱하게 자녀들한테 그 화를 풀고 있지는 않은가?' 어쩌면 어렸을 때 부모님이 당신에게 분노를 폭발했던 고통스러운 기억이 무의식 속에 잠재되어 있을지도 모릅니다. 그러나 이런 고통을 자녀들에게 물려주어서는 안 됩니다.

때로 우리 자신의 죄악이나 위선이 분노의 원인이 되는 경우가 있습니다. 흔히 자신의 약한 면을 자녀에게서 보게 될 때 크게 화를 내곤 합니다. 그러나 자녀의 모습에서 우리의 잘못된 모습이 보일 때 과민반응하는 것은 절대 우리의 잘못을 '고치는 데' 도움이 되지 않습니다. 오히려 아이들에게 좌절감을 더 심어 줄 뿐입니다. 그럴 때에는 화를 내며 자녀의 잘못을 지적하고 교정하기보다, 겸허하게 자신의 잘못을 고백하는 태도가 자녀들에게 더 효과적인 교육이 될 수 있습니다. 자녀들이 부모가 그들을 사랑한다는 것과 부모 자신의 인간적인 연약함을 인정한다는 것을 알 때, 부모로서 당신의 조언과 훈육은 훨씬 더 의미를 지닐 수 있습니다.

오래 참음은 언제라도 필요합니다. 인내하며 기다려 줄 때 사람들은 스스로의 문제에 대해 고민하고 정리할 시간을 가지게 됩니다. 문제가 더 악화되기 전에 갈등을 해결하는 지혜를 발휘할 수 있습니다. 악화일로로 치닫다가 언제 폭발할지 모를 상황들이 평화롭게 진정될 수 있습니다. 오래 참음은 무슨 일이든 묵인하는 일반적이고 모호한 관용과는 다릅니다. 적절한 조치를 취할 수 있도록 여지를 주며 상황을 현명하게 관리하고 감독하는 것입니다.

자녀들을 올바로 양육하기 위해서는 자녀들이 태만하거나 무례하게 반항할 때 단호하게 조치를 취해야 합니다. 그러나 진짜 반항과 어리고 무지한 데 따른 반항은 구분해야 합니다. 자녀들은 부모처럼 사고하지 않습니다. 아이들이 성인인 부모처럼 행동할 것이라고 기대해서는 안 됩니다. 환경과 나이와 성숙의 수준을 고려해야 합니다.

그러므로 우리는 화를 분출하며 상황을 악화시키지 말고 사랑으로 화를 진정시켜야 합니다. 그러면 자녀들이 건강하게 자라도록 도울 수 있습니다. 오늘 참으면 참을수록 내일 더 기쁘게 승리를 누릴 수 있습니다.

흰 종이에 "사랑은 오래 참는다"라고 써서 거울이나 냉장고에 붙여 두십시오. 몇 주간 동안 그 글귀를 마음에 새기면서 오래 참음을 실천하고, 자녀들에게 부모의 사랑을 보여 주십시오.

☐ 오늘의 수업을 완수했으면 여기에 표시하십시오

- 과거에 오래 참아야 했던 때가 생각납니까?
- 만약 오늘 하루 오래 참았다면 무엇이 달라졌겠습니까?

◇◇

농부가 땅에서 나는 귀한 열매를 바라고 길이 참아
이른 비와 늦은 비를 기다리나니. (약 5:7)

Day 03

사랑은 친절합니다

서로 친절하게 하며 불쌍히 여기며 서로 용서하기를
하나님이 그리스도 안에서 너희를 용서하심과 같이 하라.
엡 4:32

진정한 사랑은 자녀들을 친절하게 대할 때 아주 잘 드러납니다. 사랑을 베풀 때면 달콤한 향기처럼 친절함이 드러나서 자녀들은 그 친절을 놓치지 않고 감지합니다. 자녀들을 배려하고 돌보는 모습에 친절함이 그대로 묻어납니다. 자녀들을 대하는 태도가 달라집니다. 오래 참음은 부정적인 것을 최소화하는 사랑이지만, 친절함은 긍정적인 것의 시발점이 되는 사랑입니다. 오래 참음이 불필요한 문제들을 예방하는 데 도움이 된다면, 친절함은 우리가 축복의 통로가 되도록 도와줍니다.

사랑하면 친절하게 되고, 친절하면 사람들에게 호감을 사게 됩니다. 자녀들에게 친절하면 그들은 부모와 함께 있는 시간을 좋아하게 됩니다. 실제로 친절은 모든 관계에서 사람들의 호의를 얻게 하고, 자녀들의 마음의 문을 열게 합니다.

성경은 "인자와 진리가 네게서 떠나지 말게" 하라고 말합니다. "그것을 네 목에 매며 네 마음판에 새기라 그리하면 네가 하나님과 사람 앞에서 은총과 귀중히 여김을 받으리라"(잠 3:3-4).

친절은 행동하는 사랑이라 할 수 있습니다. 수동적인 태도를 거부하고 적극적으로 손을 내밀며 다가갑니다. 귀 기울여 듣는 데 기꺼이 시간을 들이고, 도움을 주기 위해 구체적으로 행동하는 수고를 마다하지 않습니다. 절대 누군가의 인생에 개입하기 위한 가장 쉬운 길이나 간편한 방법을 찾지 않습니다.

특별히, 친절은 섬김으로 나타납니다. 아무리 사소한 일이라 하더라도 자신의 유익보다 상대방의 유익을 앞세우며 그를 존중하고 배려합니다. 우리는 집에서 자녀들과 함께 있을 때 불평하지 않고 자녀들을 섬기며, 자녀들이 친절을 베풀 때 놓치지 않고 주목하여 칭찬함으로 친절의 본을 보여 줄 수 있습니다.

성경은 하나님이 아낌없이 자기 자녀들에게 은혜를 베푸시고 그들에게 꼭 필요한 것을 주심으로 자비를 베푸신다고 말합니다(엡 2:6-9). 하나님은 우리에게 그분의 모범을 따라 다른 사람들에게 한결같이 친절해야 한다고 명령하십니다(엡 4:32). 그리고 그것은 우리 가족을 친절하게 대하는 것에서 시작되어야 합니다.

친절은 또한 자발성을 불러일으킵니다. 어떤 요청에 "안 돼"라고 하지 않고, 기꺼이 "알았어요"라고 말하며 흔쾌히 협조합니다. 우리 입장을 고수해야 할 이유를 끊임없이 들이대지 않고, 상대방의 말을 수용하며 화합을 추구하도록 도와줍니다. 거부하거나 외면하지 않고 스스럼없이 베풀도록 가르칩니다.

또한 친절을 베풀 때는 모든 관계를 온유함으로 대하게 됩니다. 상대방의 필요에 더 민감하게 반응하고 긍휼히 여기게 됩니다. 만나는 사람들의 마음에 '취급주의'라는 도장을 찍고 조심스럽게 대하며, 쓸데없이 거칠게 말하거나 무신경하게 행동하지 않도록 조심합니다. 조금만 더 친절하게 대해도 상대방은 마음을 열고 우리가 하는 말이나 행동을 받아들일 수 있습니다.

이런 친절이 왜 중요한가요? 부모로서 조심하지 않으면 우리 역시 사랑하는 아이들에게 매우 불친절할 수 있기 때문입니다. 부모로서 우리가 훨씬 더 성숙할 뿐 아니라 아이들을 위해 계속 희생해 왔기 때문에, 얼마든지 자녀들을 마음대로 대해도 된다고 생각할 수 있기 때문입니다. '냄새나는 기저귀를 얼마나 많이 갈아 주었던가?' '양육비와 교육비로 들어간 돈은 얼마이던가?' '끊임없이 손이 가는 코흘리개 시절에도 수고를 마다하지 않았으며, 잘못을 저질러도 수없이 참아 주지 않았던가?' 맞는 말입니다. 그러나 사랑은 우리의 희생이 결코 자녀에게 태만하거나 거칠게 행동해도 되는 면허증이 될 수 없다는 것을 일깨워 줍니다.

아버지는 주변의 다른 성인 남자들보다 자녀를 더 친절하게 품어 주어야 합니다. 아이들은 따뜻하고 다정다감한 부모를 진심으로 원합니다(잠 19:22). 어머니의 입술에서는 친절한 말이 흘러나와야 합니다(잠 31:26).

솔직히 스스로를 돌아볼 때, 부모로서 자녀들에게 한결같이 친절히 대하고 다른 사람들에게도 친절한 모습을 보여 주고 있습니까? 당사자가 없는 상태에서 누군가를 평가할 때 친절의 본을 보여 주고 있습니까? 어려운 이들의 손을 잡아 주고 그들의 어려움을 함께 나누고 있습니까? 꾸준히 적극적으로 친절을 베풀고 있습니까?

자녀들은 이 세상 그 누구보다 부모의 태도에 예민하게 반응합니다. 부모가 그들을 외면하거나 무시한다고 생각하면, 마음에 거부감을 갖고 부모의 말에 흔쾌히 응하려 하지 않을 것입니다. 그러나 따뜻하게 사랑과 친절을 베푸는 분위기가 조성되면, 부모에게 마음을 열고 부모의 말과 교훈에 기꺼이 귀를 기울일 것입니다.

사랑은 자녀들에게 친절을 베풀 기회를 찾습니다. 그렇다고 자녀들이 원하는 대로 다 들어주어야 한다는 의미는 아닙니다. 오히려 아이들을 온전히 사랑하는 것과, 아이들이 다른 사람들을 사랑하도록 가르치는 행위가 적절한 균형을 이루어야 합니다. 자녀들이 올바른 부모나 리더로 성장하도록 하기 위해서는 어릴 때부터 섬기는 자세를 훈련해야 합니다. 그리고 부모의 모습에서 그런 태도를 보고 배울 수 있어야 합니다.

그러므로 우리는 자녀들이 부모와 형제들을 친절히 대하도록 가르쳐야 합니다. 함께 식탁을 차릴 기회를 주고, 가정에서 서로의 필요를 돌볼 기회를 주어야 합니다. 그들이 마음의 준비가 되었다면, 다른 사람을 위해 봉사하고 섬기며 살고자 하는 마음과 동기를 길러 줄 수 있는 곳으로 그들을 데려가야 합니다. 양로원이나 어려움을 겪는 이웃집을 함께 방문해도 좋습니다. 아무 사심 없이 친절을 베풀고자 하는 순수한 마음으로 집에서 만든 음식을 그들에게 대접할 때, 그들은 가슴 따뜻한 사랑을 확인하고 얼마나 기뻐하겠습니까. 홀로 사는 과부를 위해 집을 고쳐 주거나, 아버지가 없는 아이들과 함께 시간을 보내는 방법도 좋습니다. 이런 경험들을 통해 자녀들은 하나님 보시기에 모든 사람이 얼마나 소중하고 귀중한지 확인하며, 우리의 작은 친절로 하나님께 영광을 돌려 드리고 그분의 형상을 드러낼 수 있음을 확인하게 될 것입니다.

자녀들을 친절히 대하고 사람들에게 친절을 베풀도록 격려할 때, 우리는 하나님께서 기르도록 요청하신 태도를 기르게 됩니다. 그것은 바로 황금률, 즉 대접을 받고자 하는 대로 남들을 대접하며, 매일 더불어 살아가는 이들에게서 꼭 받기 원하는 것을 아낌없이 주는 것입니다. 이것이 친절을 베풀 때 받는 축복입니다. 참된 사랑이 행동으로 나타날 때 볼 수 있는 아름다움입니다.

오늘 자녀들에게 전혀 예상치 못한 깜짝 친절을 베풀어 보십시오. 그들이 당신의 깜짝 친절을 즐겁게 받아들이면 다른 사람들에게도 깜짝 친절을 베풀어 보라고 말해 보십시오. 그 역시 아이들이 예상하지 못한 제안일 것입니다.

☐ 오늘의 수업을 완수했으면 여기에 표시하십시오

- 아이들에게 베푼 친절한 행동은 무엇입니까?
- 아이들은 어떻게 반응했습니까?
- 아이들은 친절을 받은 대가로 다른 누군가에게 어떤 친절을 베풀었 습니까?

너희가 자기를 위하여 공의를 심고 인애를 거두라. (호 10:12)

Day 04

사랑은 자녀를 귀한 선물로 바라봅니다

자식들은 여호와의 기업이요.
시 127:3

세상은 종종 자식은 짐이며, 무자식이 상팔자라고 말을 합니다. 자녀를 키우려면 많은 돈이 들어가고 아까운 시간을 쏟아 부어야 합니다. 많은 것을 포기해야 합니다. 말을 듣지 않아 속상한 마음을 달래야 할 수도 있습니다. 아이들이 계속 투덜거리고 불평해서 난감할 때도 적지 않습니다.

그래서 출산을 기피하는 사람들이 많습니다. 대신 돈과 성공과 쾌락과 재물을 쫓아갑니다. 용감하게 자녀를 낳겠다 하더라도, 많아야 한두 명만 낳아야 한다는 걱정스러운 조언을 듣게 됩니다.

그러나 마침내 아이가 집으로 와서 가족 구성원을 이루면 사정은 달라집니다. 딸에게 마음이 빼앗기고 삶에 변화가 생깁니다. 아들은 경이로움과 모험의 세계로 매일 우리를 인도합니다. 한때는 아이들 없이 인생을 즐기며 살았지만, 이제 아이들이 없는 삶은 상상조차 하기 어렵습니다. 그들을 위해서라면 기꺼이 목숨을 내놓을 수도 있습니다. 이제 아이들을 잃을지 모른다고 생각할 때가 가장 두렵습니다.

역설적이게도 이전에는 아이들을 낳지 말라고 부추기던 세상이 이제는 아이들의 관심을 집중시키려 물불을 가리지 않습니다. 세상은 끊임없이 자신들의 프로그램을 보고, 자신들의 용어를 사용하며, 자신들의 물건을 사라고 홍보합니다. 자신들의 행사에 참석하고, 자신들이 마련한 프로그램에 등록하라고 모집활동을 합니다. 자신들이 내세우는 명분을 따르고, 자신들의 후보에게 투표하며, 자신들의 대의를 위해 싸우라고 설득합니다.

자기중심적인 문화의 변덕스러운 주장이 아니라, 진정한 사랑의 일관된 조언에 귀를 기울여야 하는 이유가 여기에 있습니다. 사랑은 자녀들이 값으로 따질 수 없는 소중하고 특별한 보물과 같은 존재임을 알려 줍니다. 걸어 다니는 살아 있는 유산이며, 각각 측량할 수 없는 무한한 잠재력을 지닌 존재입니다. 사랑은 하나님의 시선으로 자녀들을 보도록 도와줍니다. 즉, 그들을 인생의 가장 놀라운 축복으로 생각하게 해줍니다. 자녀를 키운다는 것은 의무이자 특권이며 소중한 기쁨입니다.

성경 전체를 관통하는 한 가지 주제가 있습니다. 바로 자녀들을 향한 하나님의 놀라운 사랑입니다. 성경에서 하나님이 처음으로 주신 명령은 "생육하고 번성하라"는 것이었습니다(창 1:28). 성경에서 처음으로 사랑이 언급된 것은, 하나님이 이삭을 향한 아브라함의 마음을 가리켜 말씀하실 때였습니다(창 22:2). 족장들에게 베푸신 하나님의 언약의 축복은 무엇보다 자손에 대한 약속과, 그들을 통해 장차 민족들이 어떻게 일어나고 복을 받을 것인지에 관한 것이었습니다(창 26:1-4). 하나님은 이스라엘 백성들에게 처음 태어난 것을 바치라고 명령하셨습니다(출 13:2). 구약의 마지막 절은 아버지의 마음을 자녀에게로 돌이키고자 하시는 하나님의 의지를 설명하고 있습니다(말 4:6).

이 주제를 가장 잘 드러내는 구절은 아마 이것일 것입니다. "자식은 주님께서 주신 선물이요, 태 안에 들어 있는 열매는, 주님이 주신 상급이다. 젊어서 낳은 자식은 용사의 손에 쥐어 있는 화살과도 같으니"(시 127:3-4, 새번역).

선물(gift)이라는 단어는 하나님이 주신 유업이라는 뜻으로, 개인에게 할당된 분깃을 의미합니다(사 54:17). 자녀들은 과수원의 아름다운 과일과 같습니다. 농부가 땀 흘려 수고하고 그 대가로 누리는 향긋한 열매와 같은 존재가 바로 자녀입니다. 그들은 또한 용사의 손에 들려 생명을 구하는 귀중한 화살과 같습니다. 그들은 세상에 강력한 영향을 미칠 준비를 하고 날아가기를 기다리고 있습니다. 일반적인 세간의 생각과는 달리, '선물, 열매, 화살'과 같은 이런 비유들은 사람들이 회피하거나 최소화하고 싶어 하는 것이 아니라, 보통 더 원하는 것을 가리킨다는 사실을 우리는 생각해 보아야 합니다.

예수님은 제자들이 어른들을 방해하는 귀찮은 존재처럼 아이들을 대하자 그들을 책망하고 꾸짖으셨습니다. 나아가 아이들을 더 가까이 부르시고 "하나님의 나라가 이런 자의 것"이므로(막 10:14) 아이들을 환대하고 우리 삶으로 품을 때 큰 축복이 있을 것이라고 말씀하셨습니다. 어린 소년을 제자들 앞에 세우신 후에는 "누구든지 이 어린아이와 같이 자기를 낮추는 사람이 천국에서 큰 자니라 또 누구든지 내 이름으로 이런 어린아이 하나를 영접하면 곧 나를 영접함이니"라고 말씀하셨습니다(마 18:4-5).

또한 자녀들은 부모가 인격적으로 성숙해지도록 도와줍니다. 자녀들을 기르다 보면 이기심을 버리고 자기를 희생하며 베푸는 법을 배우게 됩니다. 자녀들이 있기에 부모는 안전지대에서 나와 자신의 능력을 최대한 발휘하게 됩니다. 자녀들은 부모의 말을 그대로 모방함으로 우리의 인격을 시험합니다. 우리의 교만을 드러내고 더욱더 겸손하게 합니다. 더 자발적으로 사랑하는 법을 배우도록 합니다. 자녀들은 마치 "우리는 부모님의 모습을 비추는 거울이에요. 엄마 아빠가 빚어 주길 기다리는 진흙 덩어리와 같아요. 부모님의 이름을 드러내고 부모님의 형상을 반영하는 존재이지요. 부모님이 가진 그 어떤 것보다 저는 더 소중하다고요. 아마 이 세상에서 가장 중요한 투자 대상일 거예요"라고 말하는 것 같습니다.

더 나아가, 자녀들은 우리 인생의 모든 계절이 더욱 풍요로워지도록 맛을 더해 줍니다. 돈으로는 절대 사랑을 살 수 없고, 잠자리에 들기 전의 입맞춤도 살 수 없습니다. 돈으로는 한껏 신이 나서 방으로 뛰어오는 아이와 크리스마스 인사를 나눌 수 없습니다. 재물로는 어여쁜 딸을 그 남편에게로 인도해 줄 수 없고, 사랑스러운 손자들을 품에 안아 볼 수도 없습니다. 그것들은 우리의 장례식장에서 울어 주거나, 미래 세대에게 우리 유산을 전달해 줄 수 없습니다.

그러므로 지금 자녀들이 몇 살이 되었든지, 다시 그들에게 따스한 눈빛으로 사랑을 확인해 주고 관심을 보여 주기 바랍니다. 그들을 귀하게 여기고, 예수님이 그러셨던 것처럼 따뜻하게 안아 주며 사랑으로 그들과 그들의 미래의 인생을 축복해 주기 바랍니다(막 10:16). 하나님의 놀라운 사랑을 받는 존재로서, 우리의 사랑을 아낌없이 받는 존재로서….

자녀들을 키우려면 헌신적으로 수고해야 합니까? 그렇습니다. 끊임없는 비용이 들어갑니까? 그렇습니다. 때로 반항하고 대들어서 큰 스트레스와 고통을 안겨 주지는 않습니까? 그렇습니다. 하지만 자녀들은 그 무엇과도 바꿀 수 없는 소중한 존재가 아닙니까? 우리의 모든 인생과 사랑과 시간과 관심을 다 쏟아도 아깝지 않은 존재가 아닙니까? 당연합니다. 두말하면 잔소리입니다.

하나님은 그들을 거룩한 손으로 감싸서 사랑으로 우리 품에 안겨 주셨습니다. 그들은 우리 생명의 열매이며 하나님의 살아 숨 쉬는 상급입니다.

오늘은 자녀들에게 다가가서 그들이 당신에게 얼마나 소중한 존재인지 알려 주십시오. "너는 내게 세상을 다 주어도 바꿀 수 없는 소중한 선물이야. 네가 나의 딸(아들)이 되어서 고마워"라고 말해 보십시오. 그런 다음 그들을 당신에게 주신, 그들을 매일 사랑하고 아끼도록 기회를 주신 하나님께 감사를 드리십시오.

☐ 오늘의 수업을 완수했으면 여기에 표시하십시오

- 자녀들을 인생의 걸리적거리는 짐이라고 생각합니까, 아니면 하나님의 축복이라고 생각합니까?
- 자녀들에 대한 생각을 어떻게 바꾸어야 합니까?
- 오늘 자녀들에게 어떻게 말해 주었습니까?

◇◇

나와 및 하나님께서 내게 주신 자녀라. (히 2:13)

Day 05

사랑은 놀랍습니다

이 깨달음이 내게는 너무 놀랍고 너무 높아서,
내가 감히 측량할 수조차 없습니다.
시 139:6, 새번역

모든 자녀는 작은 걸작품이라 할 수 있습니다. 이 세상에 똑같은 인간은 존재하지 않습니다. 각자 고유한 지문과 심장 박동을 가졌으며, 홍채 패턴과 기질도 제각기 다릅니다. 심지어 겉모습이 비슷해 보이는 일란성 쌍둥이라 하더라도 성격과 재능은 완전히 다릅니다. 우리 아이들은 자라면서 변해 가는 것이 아니라, 이미 다르게 태어난 것입니다.

환경과 교육이 큰 영향을 미치기는 하겠지만, 아이들이 태어날 때부터 이미 가지고 있는 특유의 독창적인 자질은 누군가의 놀라운 사전 계획이 있었음을 보여 줍니다. 아이들은 저마다 선천적으로 독특한 개성을 지니고 태어납니다. 각 개인의 모든 특별한 특징은 하나님이 디자인하신 작품이라는 서명이나 마찬가지입니다.

성경은 하나님이 어머니의 태를 열어 임신을 하게 하실 뿐 아니라(창 30:22), 생명의 직조물을 짜듯이 태아의 신체와 체질을 직접 만들고 조직하신다고 말합니다(시 139:13-14). 하나님은 모든 태아의 청사진을 손수 그리시며, 모든 아기에 대한 저작권을 가지고 계십니다.

그러나 하나님은 아이의 성별, 신발 크기, 눈동자의 색깔만을 결정하시지 않습니다. 하나님은 그 놀라운 천재성으로 각 개인의 성격과 인성의 복합적인 부분까지 세세하게 관여하십니다. 그들만의 특이한 성격과 개성과 경쾌한 걸음걸이, 신중하고 조심스러운 성향이나 언제라도 기꺼이 뛰쳐나갈 열정적인 성격도 모두 하나님의 작품입니다. 하나님은 각자의 기질에 맞게 취향을 선정해 주시고, 각 개인에게 맞춰진 건강한 열정을 심어 주십니다.

그러나 이런 하나님의 행위가 무작위적인 것은 아닙니다. 하나님께서 아이들을 지금의 모습으로 만드신 데에는 항상 특별한 의도와 목적이 있습니다. 하나님은 자신의 능력과 창조성과 형상이 각각의 살아 있는 영혼에 독특하게 반영되기를 바라십니다. 자녀에게 예기치 못한 기형을 허락하실 때라도, 하나님은 자비를 베푸셔서 스스로 영광을 받으십니다(요 9:1-3). 하나님의 힘은 종종 인간의 연약함으로 더욱 생생하게 드러납니다. 연약한 지체로 인해 가족들은 서로를 향해 더 긍휼한 마음을 갖게 되고, 더 성숙한 인격으로 성장하게 됩니다.

또한 우리 자녀들은 다른 사람들을 돕도록 특별히 지으심을 받았습니다(엡 2:10). 하나님은 특정한 시간과 공간에 그들을 두시고 그들을 형통하게 하셔서, 연약하고 취약한 사람들의 특별한 필요를 그들만의 방식으로 충족시키게 하십니다.

그러므로 자녀들이 저마다 가진 놀라운 자질에 대해 생각할 때, 사랑은 우리가 하나님이 디자인하신 그들의 놀라운 신비를 한 꺼풀씩 벗겨내며 발견의 모험을 계속하도록 손짓합니다. 이런 질문들을 해볼 수 있습니다. 우리 아이들은 어떤 일에 끌리는가? 어떤 독특한 개성을 가지고 있는가? 어떤 모습으로 자라가고 있는가? 찾아내서 격려해 주어야 할 잠재력과 재능은 무엇인가?

당신은 각 아이의 독특함이 우연이 아니라 선물이라는 사실을 이미 알고 있을지 모릅니다. 모든 아이를 똑같이 훈련해서는 안 됩니다. 어떤 아이는 과감한 모험의 기회를 제공하고, 내면의 용기를 고양시키거나 책임질 줄 아는 행동을 훈련하는 것이 필요할지 모릅니다. 어떤 아이는 자주 칭찬을 해주거나 이타적으로 사람들과 관계를 맺는 법을 알려 줄 때 더 흔쾌히 반응할지 모릅니다.

첫째 아이는 어른들과 어울리기를 좋아하고 사람들을 이끄는 데는 능력이 있지만, 자기 방식만 고집하지 않도록 배워야 할지도 모릅니다. 둘째 아이는 남에게 지기를 싫어하고, 막내는 자기주장이 강하고 독립적일 수 있습니다. 그러나 이 아이들은 모두 자신의 욕구를 선한 방향으로 사용할 수 있도록 지도를 받아야 합니다.

자녀가 어떤 유형의 능력을 가지고 있는지 확인했습니까? 어떤 아이들은 단어와 사실을 쉽게 기억하는 반면, 어떤 아이들은 모험과 도전을 좋아합니다. 타고난 엔지니어인 아이도 있고, 사람들과 어울리기를 좋아하며 관계상의 문제를 해결하는 데 탁월한 아이도 있습니다. 어떤 아이들은 세심하고 깐깐한 반면, 너스레 떨기를 좋아하고 털털한 아이도 있습니다. 각기 저마다 타고난 재능이 다르므로 그 재능을 격려해 주고 아껴 주어야 합니다.

또한 자녀들이 어떻게 해야 잘 소통하고 사랑을 받아들이는지 사랑의 마음으로 살펴보아야 합니다. 모든 자녀는 차별 없이 똑같은 사랑을 받아야 하지만, 이는 방법마저 동일해야 한다는 뜻은 아닙니다. 어떤 아이는 몸으로 사랑을 표현해 주기를 바랄 수 있지만, 어떤 아이는 둘만의 시간을 집중적으로 가지기를 더 바랄 수도 있습니다. 당신의 자녀가 더 활기차고 생기 있게 반응하는 때가 칭찬을 받거나 돌봄을 받을 때인지, 아니면 선물을 받을 때인지 살펴보기 바랍니다. 어떤 경우에 가장 성취감을 느끼는지 확인하면 자녀들과 함께 있을 때 각자에 대한 관심과 열정을 더 효과적이고 전략적으로 집중할 수 있습니다.

사랑으로 자녀를 양육하기 위해서는 방향성을 가지고 자녀들을 살펴보아야 합니다. 자녀들이 각기 무슨 생각을 하고 어떤 꿈을 꾸며 살아가는지 귀를 기울이고 확인해야 합니다. 하나님께 받은 타고난 성향과 일시적인 욕구를 구분해야 합니다. 습관을 찬찬히 관찰한 후 약점을 보완하며 강점을 길러 주어야 합니다.

부모는 자녀들을 잘못 오해하고 엉뚱한 방향으로 이끌 때가 너무나 많습니다. 혹은 너무 엄격하게 사전 계획을 세우고 하나님이 절대 의도하지 않으신 사람이 되도록 강요함으로 자녀들을 좌절시키기도 합니다. 어린 딸이 피아노에 탁월한 재능을 보인다면 튜바를 배우라고 강요해서는 안 됩니다. 아들이 글쓰기와 노래에 자질이 있다면 축구에 서툴다고 자존감을 훼손시켜서는 안 됩니다. 그 대신 당신이 받은 보물을 발견하고 받아들여야 합니다. 그들의 타고난 재능을 인정하고 격려해야 합니다. 하나님이 이미 심어 놓으신 씨앗에 물을 주며 잘 자라도록 가꾸어 주어야 합니다.

그렇게 한다면 자녀들은 다른 사람의 꿈을 좇지 않고 그들 자신의 꿈을 키우며 단단하게 성장해 갈 수 있을 것입니다. 그리고 당신의 안내와 집중적인 사랑 속에서, 시편 기자가 감사함으로 드린 기도에 기쁘게 동참하게 될 것입니다. "주님께서 내 장기를 창조하시고, 내 모태에서 나를 짜 맞추셨습니다. 내가 이렇게 빚어진 것이 오묘하고 주님께서 하신 일이 놀라워, 이 모든 일로 내가 주님께 감사를 드립니다. 내 영혼은 이 사실을 너무도 잘 압니다"(시 139:13-14, 새번역).

자녀들을 이렇게 독특하게 지어 주신 하나님께 감사를 드리고, 각 자녀들이 '몸으로 애정 표현하기', 말로 칭찬하기', '함께 시간 보내기', '선물 주기', '필요한 것 채워 주기' 중에서 어떤 부분에 가장 잘 반응하는지 확인해 보십시오. 사랑을 받고 베풀 때 선호하는 방식을 알았다면, 하루가 다 가기 전에 그들이 좋아하는 방법으로 잠시라도 사랑을 표현하는 시간을 가지십시오.

☐ 오늘의 수업을 완수했으면 여기에 표시하십시오

- 각 자녀들이 가지고 있는 장점이 무엇인지 파악했습니까?
- 각 자녀들을 독특한 모습으로 지으신 하나님께 어떻게 감사를 드릴 수 있겠습니까?
- 자녀들이 사랑을 받고 베풀 때 어떤 방식을 선호하는지 확신이 서지 않는다면, 그들이 가장 많이 요청한 것은 무엇이며 가장 불평이 많았던 것은 무엇인지 생각해 보십시오.
- 오늘 어떻게 사랑을 표현했습니까? 자녀들은 어떤 반응을 보였습니까?

∞

주의 손이 나를 만들고 세우셨사오니
내가 깨달아 주의 계명들을 배우게 하소서. (시 119:73)

Day 06

사랑은 이기적이지 않습니다

아무 일에든지 다툼이나 허영으로 하지 말고
오직 겸손한 마음으로 각각 자기보다 남을 낫게 여기고.
빌 2:3

자녀들은 하나님이 부모에게 맡기신 숙제와 같습니다. 우리는 자녀들이 성공적으로 성인기를 맞이하도록 사랑하고 가르치고 교육할 책임을 받았습니다. 그러나 이 과정을 제대로 감당하기 위해서는 세밀하고 사려 깊게 집중적인 관심을 쏟아야 하며, 부모는 이 일에 방해가 될 자신의 이기심이라는 구체적인 태도를 매일 내려놓아야 합니다.

이기심이란 사랑의 능력을 고사시키는 질병과 같습니다. 사랑은 누군가를 위해서 자기를 부인하라고 요청하지만, 이기심은 자신을 먼저 생각하고 다른 사람을 무시하라고 요구합니다. 자기중심적으로 살면 스스로도 자족하지 못할 뿐더러 다른 사람도 긍휼히 여기지 못하게 됩니다. 더 과민해지고 궁색해지며 강압적이 됩니다. 만족함을 얻지 못하게 됩니다. 우울함, 조급함, 나태함, 무책임한 태도는 위장된 이기심일 뿐입니다.

사람이라면 누구나 이기적입니다. 우리는 다른 사람들의 이기적인 태도는 비난하지만 정작 자신의 이기심은 정당하다고 생각합니다. 우리가 저지르는 거의 모든 잘못과 죄는 이기적인 동기가 그 원인입니다.

그러나 사랑은 "자기의 유익을 구하지 아니"합니다(고전 13:5). 다른 사람에게 친절을 베풀고 그의 건강과 축복을 구하는 데서 기쁨과 만족을 누립니다. 자녀를 사랑하는 부모는 생명을 함께 나눈 작고 연약한 인격체들을 지극 정성으로 돌보는 데 수고를 아끼지 않습니다.

이타적인 사람들은 친구, 배우자, 부모를 멋지고 훌륭하게 변화시킵니다. 그들은 자신의 욕구를 기꺼이 내려놓고, 사랑하고 베풀며 섬기는 기쁨을 만끽합니다. 날마다 자신의 이기적인 욕심을 비우는 법을 배울수록 우리는 더 강해질 수 있고, 더 사랑할 수 있으며, 더 성취감을 누릴 수 있습니다.

사회는 개인의 감정과 욕망을 최우선으로 추구하고 집중하라고 가르칩니다. 그러나 우리의 자녀들은 끊임없이 먹이고 씻기고 가르쳐야 하는 존재로서, 부모의 수고와 헌신을 필요로 합니다. 모처럼 혼자만의 시간을 가지려고 할 때 울음을 터뜨리고, 평화를 원할 때 서로 전쟁을 시작하며, 부부끼리 내밀한 시간을 가지려 할 때 침실 문을 두드립니다.

부모는 이런 책임을 부담스럽게 여기고, 원하는 대로 자유롭게 사는 데 자녀들이 방해가 된다고 생각하기 쉽습니다. 그러나 사실 자녀들은 우리의 이기심을 그들만의 방법으로 생생히 드러내고, 우리가 끊임없는 이기심의 요구에 휘둘리지 않고 살아가도록 이끌어 주는 역할을 합니다.

실제로 자녀 양육의 특별한 목적 중 하나가 이것입니다. 하나님은 우리의 자녀들을 사용하셔서 우리가 점점 자기중심적인 이기심에서 벗어나 그분처럼 이타적인 사랑을 베푸는 존재가 되도록 도우십니다. 자기를 부인하고 자녀들에게 희생적인 사랑과 인내를 베풀 수많은 기회를 주셔서 우리가 더욱 성숙해질 수 있도록 도우십니다. 그분이 우리에게 하신 그대로이지요.

또한 자녀들을 양육하는 부모로서 우리는 자신의 이기심을 경계하는 동시에, 자녀들을 위해서도 이기적으로 굴지 않도록 노력해야 합니다. 궁극적으로 자녀들은 우리의 소유가 아니라 하나님의 소유입니다. 우리가 할 수 있는 가장 놀라운 사랑의 행위는 자녀에 대한 우리의 욕망이나 자녀 스스로의 욕망을 하나님의 소망보다 앞세우지 않도록 경계하며 그들을 하나님께 기꺼이 맡겨 드리는 것입니다.

성경에 기록된 한나의 이야기(삼상 1-2장)는 현명한 자녀관에 관한 놀라운 그림을 보여 줍니다. 불임으로 고통당하던 한나는 겸손하게 엎드려 기도하며 전심을 다해 주께 간구했습니다. 하나님은 그런 그녀에게 사무엘을 아들로 주시는 축복을 베푸셨습니다. 한

나는 하나님께 감사하며 사랑하는 아들을 아낌없이 하나님께 돌려 드렸고, 하나님은 그 아들을 크게 사용하셔서 그들의 민족을 축복하시고 이스라엘 초대 왕들의 자문 역할을 하도록 하셨습니다.

누가복음에서는 성전에서 아기 예수를 봉헌하고(눅 2:22), 그분이 하늘 아버지의 아들임을 인정하며 정성스럽게 키움으로 하나님을 섬기고 높이는 마리아와 요셉의 모습을 소개하고 있습니다.

우리 역시 하나님이 맡기신 자녀들을 돌보는 청지기로 부름을 받았습니다. 청지기로서 우리는 자녀들을 양육하고, 교육하며, 돌보는 온전한 책임을 감당해야 합니다. 그들을 하나님께 바치며 하나님의 도우심과 은혜로 자녀들을 양육하겠다는 마음의 결심을 해야 합니다. 하나님이 불러 맡기신 그 일이 우리의 이기심으로 인해 방해받지 않도록 해야 합니다. 그렇지 않다면 자녀들을 성가신 존재라고 생각하거나, 나의 소유물처럼 여겨 염려하거나, 혹은 우상화하고 싶은 유혹에 빠질지도 모릅니다.

그러나 자녀들은 하나님의 소유이며 우리는 사랑으로 그들을 돌볼 책무를 맡은 하나님의 청지기라는 사실을 인정한다면, 우리는 정성스럽게 돌보다가 다시 돌려 드려야 하는 하나님의 보물로 자녀들을 온전히 양육할 수 있습니다. 자녀를 우상시하거나 자기 인생의 성공을 자녀에게 두는 부모는 자녀들을 품에서 내려놓아야 할 시기가 올 때 훨씬 힘들고 고통스러운 시간을 통과할 것입니다. 그런 부모는 자녀들이 독립한 이후 스스로의 정체감과 자존감에 혼란을 느낄 위험성이 높습니다.

이기심과 사랑은 절대 서로 양립할 수 없음을 기억해야 합니다. 진심으로 사랑한다고 말하면서 이기적으로 행동할 수는 없습니다. 이기심은 자녀들의 필요보다 자신의 취미와 오락과 위안을 더 우선하는 것입니다. 많은 부모가 이기심으로 자녀들을 더 낳지 않으려고 합니다. 스스로를 희생해야 하는 부담스러운 일을 하고 싶지 않기 때문입니다.

자녀들을 사랑하면 내가 하고 싶은 일에는 "안 돼"라고 말하고, 자녀들이 필요로 하는 일에는 "그래"라고 말하게 됩니다. 그렇다고 개인적인 성취를 금기시하거나 누려서는 안 된다는 뜻은 아닙니다. 스스로의 필요와 안녕에 급급하여 자녀들의 필요와 안녕을 소홀히 하거나 무시하지 말라는 뜻입니다. 사랑은 감사하는 마음으로 하나님 보시기에 가장 좋은 것을 위해 싸웁니다. 우리는 이타적으로 자녀를 사랑하고, 그 과정에서 더 성장하며, 더 지혜로워지고, 더 그리스도를 닮아가도록 매일 기회를 허락하신 하나님께 감사를 드려야 합니다.

기도하는 가운데, 자녀들을 온전히 사랑하지 못하게 가로막는 이기심이라는 장애물을 자신의 삶에서 확인하고 버리는 시간을 가지십시오. 그런 다음 자녀들을 하나님께 다시 돌려 드리는 보물로 여기겠다고 헌신하십시오.

☐ 오늘의 수업을 완수했으면 여기에 표시하십시오

- 기도할 때 하나님이 깨닫게 해주신 교훈은 무엇입니까?
- 구체적으로 실천하도록 일깨우신 일은 무엇입니까?
- 당신의 이런 변화에 자녀들은 어떻게 반응할 것 같습니까?

◇

나는 이제 너희를 위하여 받는 괴로움을 기뻐하고. (골 1:24)

Day 07

사랑은 쉽게 화내지 않습니다

긍휼과 자비와 겸손과 온유와 오래 참음을 옷 입고
누가 누구에게 불만이 있거든 서로 용납하여.
골로새서 3:12-13

사랑은 언제 불어닥칠지 모르는 사나운 폭풍이 아니라, 마음을 어루만지는 잔잔한 미풍과 같습니다. 문제가 생길 때 부모가 어떤 반응을 보이느냐에 따라 아이들은 새롭고 긍정적인 성품 교육을 받을 수도 있고, 해서는 안 되는 행동을 강압적으로 배웠다는 괴로운 기억을 가질 수도 있습니다.

참지 못하고 화를 내는 것은 "칼끝을 바짝 들이대다"라는 의미를 갖고 있습니다. 안타깝게도 자녀들에게 화를 낼 일이 생기면 어김없이 화를 표출하는 부모들이 있습니다. 잘못된 일이 있으면 그 상황으로 인해 자신이 얼마나 속상하고 화가 나는지 표현해야 직성이 풀리고, 상대의 잘못을 최대한 부각시켜야 한다고 생각하는 것 같습니다.

그러나 솔직히 말해 봅시다. 어느 누구도 고슴도치를 껴안으려 하거나 가시밭에 드러누우려 하지는 않을 것입니다. 따라서 우리는 자녀들에게 이런 선택만 하도록 강요해서는 안 됩니다. 화를 누그러뜨리지 않고 그때그때 화를 내며 신경질을 부린다면, 우리는 마음의 쓰라림을 맛보게 될 뿐 아니라, 주변 사람들 역시 원치 않게 그 감정을 맛보게 될 것입니다.

사랑은 쉽게 화를 내지 않고 흔쾌히 용서합니다. 사소한 문제에 마치 순교자라도 되는 양 굴지 않습니다. 과민하게 즉각적으로 반응하지 않고, 상대방의 마음을 어루만져 주려고 애를 씁니다. 또한 짜증이나 화로 폭발할 수 있는 모든 뇌관을 신속히 제거합니다.

고린도전서 13장 5절을 보면, 사랑은 쉽게 '성내지' 않습니다. 까다롭게 굴거나 빈정거리거나 조롱하지 않습니다. 오히려 하나님이 허락하신 우리 자녀들을 사랑으로 오래 참으며, 불가피하게 의로운 분노를 내야 할 경우에만 화를 내고, 그 화도 길게 품지 않습니다.

만약 자녀들에게 쉽게 화를 낸다면 사랑이 요구하는 것과 정반대의 행동을 하는 것입니다. 우리 자녀들은 절대 완벽하지 않습니다. 그러므로 그들이 실수를 한다고 놀라거나 화를 낼 이유는 전혀 없습니다. 우리도 하나님 앞에서 완전하지 않지만, 하나님은 우리가 실수한다고 번개로 쳐서 처벌하시지 않습니다. 대신 인내하시며 그분과의 관계를 다시 회복하도록 기다려 주십니다(벧후 3:9). 마찬가지로 부모의 훈육과 교정은 화를 통제하지 못하거나 우리 안에 있는 긴장을 힘없는 아이들에게 해소하는 식으로 이루어져서는 절대 안 됩니다.

자녀들이 영문도 모르고 화를 내는 부모를 늘 의식하며 전전긍긍한다면, 그들은 사랑받지 못하는 존재라는 생각에 불안감에 시달릴 것입니다. 부모가 의도치 않았다 하더라도, 자녀들은 부모에게서 마음을 닫을 것입니다. 이런 경향이 시간이 흘러도 계속된다면, 나중에 그들은 자신의 자녀들에게도 쉽게 화를 내게 될 것이고, 결국 미래 세대에까지 유해한 태도가 상속될 것입니다.

화를 불러일으키는 근본 원인을 해결하는 것은 나쁜 침입자를 집에서 몰아내는 것과 유사한 측면이 있습니다. 해로운 침입자를 집 안으로 들여서는 안 됩니다. 더 이상 사소한 문제에 과도하게 반응하지 않겠다고 결심을 해야 합니다. 감정을 자제해야 합니다. 좌절감과 짜증이 마음속에 생기려고 할 때에는 말을 조심하고 표현, 행동, 심지어 얼굴 표정까지 사랑으로 조절해야 합니다.

보통 화는 스트레스와 이기심이라는 두 가지 쓴 감정 때문에 생깁니다. 자녀들을 대할 때는 우리의 스트레스가 자녀들의 어떤 행동 때문이라기보다는, 우리 안에 이미 작용하고 있는 어떤 요인에 의한 것은 아닌지 스스로에게 물어보아야 합니다. 만약 다른 사람들과의 관계나 건강, 혹은 재정적인 어려움 때문에 스트레스를 받고 있다면, 그로 인해 신경이 곤두서고, 감정을 절제하거나 아량을 베풀 힘이 약해졌을 수 있습니다.

과로에 시달렸거나, 과소비를 했거나, 아니면 다른 문제 때문에 분노와 씨름하고 있지는 않습니까? 휴식이나 운동, 혹은 영양이 부족하지는 않습니까? 영적인 결핍이 당신의 마음과 영혼을 고갈시키고 있지는 않습니까?

인생은 단거리 경주가 아니라 마라톤과 같기 때문에, 속도를 잘 안배하며 우선순위를 정해야 한다는 사실을 늘 기억해야 합니다. 하나님과의 관계, 부부 생활, 자녀들이 언제나 가장 중요한 우선순위가 되어야 합니다. 달리 말해, 하나님과 배우자와 자녀들과 함께하는 시간은 무슨 일이 있어도 꼭 지켜야 하며, 그들을 사랑하고 섬기는 기회를 다른 부차적인 문제에 빼앗기지 않도록 싸워야 한다는 한다는 뜻입니다.

우리는 하나님의 말씀대로 사람들을 더욱 사랑하고, 긍휼히 여기며(골 3:12-14), 모든 염려와 불안을 기도로 내어 맡겨야 합니다(빌 4:6-7). 매주 안식일에는 휴식하고 예배하며 우선순위를 재확인함으로써 과로하지 않도록 미리 조심해야 합니다(출 20:8-11). 이렇게 규칙적으로 안식하는 시간을 가지면 전략적으로 재충전할 수 있을 뿐 아니라, 빡빡한 한 주간의 일정에 여백이 생겨 한숨을 돌릴 수 있을 것입니다.

마음의 이기심 때문에 짜증스럽고 화가 날 수 있습니다. 욕심, 원한, 탐욕, 교만은 절대 만족함을 모르며, 언제나 불안과 화로 이어집니다. 그러나 사랑은 자신에게 집중하지 않고 이런 유해하고 불필요한 동기들을 기꺼이 버릴 수 있습니다.

사랑은 원망을 품지 않고 용서함으로 자유를 선사합니다. 욕심을 부리기보다 감사하며, 승진을 위해 가족을 희생시키기보다 가족을 중요한 우선순위로 삼습니다. 어떠한 결정을 내릴 때에도 사랑은 궁극적으로 우리의 스트레스를 낮추고, 분노하지 않고 참고 격려하는 가운데 자녀들을 대할 수 있도록 우리 마음을 조정해 줍니다.

스스로의 심리 상태를 찬찬히 점검해 보면, 짜증과 분노 수준이 비정상적으로 높은 이유가 무엇인지 그 숨겨진 원인을 찾아낼 수 있을 것입니다. 그 부분을 하나님께 가지고 나아가 당신을 용서해 주시고 도와주시도록 진지하게 기도하십시오. 우리의 연약함과 잘못을 인정하며 진심으로 그분을 의지할 때, 온유하신 능력의 성령께서 평강과 위로를 주시고 어려운 환경을 이길 지혜를 주실 것입니다. 그분의 말씀으로 통찰력과 깨달음을 주셔서, 그분을 더욱 닮아 가며 우리가 너무나 사랑하는 이들을 인도하고 활력을 불어넣도록 도와주실 것입니다.

오늘부터 자녀들에게 성급하게 화를 내지 않고 사랑으로 대하기로 작정하십시오. 스트레스를 줄일 필요가 있는 영역들을 추리는 작업부터 시작하십시오. 그런 다음 마음에서 버려야 할 잘못된 동기들을 확인해 보십시오.

☐ 오늘의 수업을 완수했으면 여기에 표시하십시오

- 당신의 삶에서 스트레스를 풀어야 할 영역은 무엇입니까?
- 최근에 지나치게 과민 반응을 한 때는 언제입니까?
- 과민반응을 보인 진짜 이유는 무엇입니까?
- 오늘 새롭게 결단한 부분이 있다면 무엇입니까?

말을 아끼는 자는 지식이 있고 성품이 냉철한 자는 명철하니라. (잠 17:27)

Day 08

사랑은 마음을 얻습니다

그가 아버지의 마음을 자녀에게로 돌이키게 하고
자녀들의 마음을 그들의 아버지에게로 돌이키게 하리라.

말 4:6

누구든지 자녀의 마음을 사면 자녀들은 그의 말에 귀 기울일 것이고, 그는 그들의 인생에 의미 있는 영향을 미치게 될 것입니다. 당신이 아무리 최고의 영성과 지성을 갖춘 부모라 하더라도 자녀의 마음을 얻는 데 실패한다면 결국 그들은 당신을 외면하고 말 것입니다. 부모의 궁극적인 영향력은 이 중요한 한 가지 문제에 달려 있습니다.

다윗 왕은 하나님의 마음에 합한 사람이었고, 위대한 용사이자 성공한 지도자였으며, 사랑받는 친구였습니다. 그러나 정작 그는 아들 압살롬의 마음을 얻지 못했고, 그로 인해 고통스러운 가족 간의 불화, 공개적인 수치, 전쟁에서 2만 명의 병사를 잃고 대패하는 결과를 얻고 말았습니다(삼하 13-18장). 어떻게 이런 일이 일어났을까요?

가족 간의 불화와 갈등은 다윗이 하나님과 인격적으로 교제하는 일을 점점 게을리하고 죄를 숨기면서 시작되었습니다. 압살롬은 아버지 다윗이 압살롬의 누이이자 다윗의 딸을 강간한 아들 암논을 벌하지 않고 수수방관하는 모습을 지켜보았습니다. 압살롬이 아버지와 다시 관계를 회복하고자 시도했을 때에도 다윗은 별다른 관심을 보이지 않고 외면했습니다. 결국 그는 복수심에 다말을 강간한 암논을 죽이고 말았습니다. 하지만 다윗은 반항하는 아들을 꾸짖거나 그에게 다가가지 않았습니다. 나중에 압살롬은 방탕한 아들처럼 집으로 돌아온 후 아버지 다윗의 관심을 갈망했지만 그때도 무시당했습니다. 해결되지 않은 상처와 분노로 결국 그는 아버지에 맞서 내전을 일으키고 말았습니다. 압살롬은 전투 중에 죽임을 당했고, 망가진 관계는 이후로 영원히 다윗을 괴롭혔습니다.

압살롬이 죽은 후 다윗은 아들 솔로몬을 후계자로 삼았습니다. 아버지와 이복형의 비극적 관계를 지켜보았던 솔로몬은 자녀에게 통찰력이 돋보이는 제안을 했습니다. "내 아들아 네 마음을 내게 주며 네 눈으로 내 길을 즐거워할지어다"(잠 23:26). 이렇게 하지 않으면 무슨 일이 벌어지게 되는지 너무나 잘 알았던 것입니다.

솔로몬의 조언은 수천 년이 흐른 오늘날에도 부모들에게 영감과 도전을 주고 있습니다. 자녀의 마음을 산다고 해서 그들의 요구를 무조건 다 들어주어야 한다거나 잘못에 관대해야 한다는 뜻은 아닙니다. 애정 어린 관심을 쏟고, 사랑을 표현하며, 칭찬을 아끼지 않는 동시에, 정서적인 거리감이나 상처, 혹은 해결되지 않은 문제가 생기지 않도록 세심하게 살펴야 한다는 말입니다.

하나님은 부모의 관심과 인정을 받고자 하는 갈망을 모든 아이의 마음속에 심어 두셨습니다(잠 4:1-4; 17:6). 또한 아비들에게는 "너희 자녀를 노엽게 하지 말지니 낙심할까 함이라"(골 3:21)라고 말씀하셨습니다. 인생의 전투에서 아무리 많은 승리를 거둔다 하더라도 자녀들이 우리를 무시하고 반항하고 거부한다면, 우리는 가정에서 패배하게 될 것입니다.

우리는 자녀들이 부모를 마음에서 밀어내고 거부하는 때를 알 수 있습니다. 그들은 부모를 무시하는 말투나 퉁명스러운 태도, 정서적 거리감을 보입니다. 부모 가까이 오려 하지 않고 무슨 말을 해도 들으려 하지 않습니다. 마음 깊은 곳에 상처와 분노가 있다는 사실을 말과 태도로 고스란히 보여 줍니다.

자녀들이 정서적으로 부모와 거리를 두는 이유는 여러 가지입니다. 함께하는 시간이 부족하거나 관심이 부족해서일 수도 있고, 따뜻한 사랑이 부족해서일 수도 있습니다. 약속을 지키지 않았기 때문일 수도 있습니다. 부모가 암묵적인 행동으로 "사실 나는 열일 제쳐두고 너에게 달려가고 싶지 않아. 네 고민에 관심을 가질 정도로 너를 소중하게 생각하지 않거든"이라는 메시지를 전달했기 때문일 수도 있습니다.

그동안 일방적으로 자녀를 훈계하거나 엄격하게 대했을 수도 있습니다. 부모의 훈육이 너무 가혹하다거나, 요구가 너무 과도하다거나, 편애를 하고 있다는 생각이 들면 자녀의 마음에는 경고등이 켜질 것입니다. 이런 감정은 자녀의 마음속에 분노와 거부의 씨앗을 심어 나중에 부모를 원망하고 거역하게 할 수도 있습니다.

자녀를 올바로 양육하기 위해서는 훈련과 훈육과 경계 정하기가 반드시 필요합니다. 하지만 반드시 사랑으로 그 충격을 최소화해야 합니다. 엄하게 꾸짖다 보면 자신도 모르게 얼굴에 미워하는 표정을 지을 수도 있고 윽박지르듯이 나무랄 수도 있습니다. 그러므로 부모는 먼저 "이 상황에서 어떻게 해야 아이들의 마음을 잃지 않고 잘못을 다룰 수 있을까?"라는 질문을 항상 자신에게 해야 합니다.

이렇게 스스로 물어보십시오.

- 지금 아이들의 마음을 얻고 있는가?
- 아이들은 내가 그들을 사랑한다는 사실을 알고 있는가?
- 아이들은 내가 어떤 생각을 하는지 궁금해하는가?
- 아이들은 나와 시간을 보내고 싶어 하는가?
- 내가 우울할 때 아이들이 염려하고 걱정하는가?
- 내가 지켜보지 않아도 맡은 일을 잘하고 있는가?

사실 자녀의 마음을 얻는 것은 양육의 핵심입니다. 자녀의 마음을 제대로 얻지 못하고 있다는 사실을 깨달았다면, 한시라도 빨리 일정을 중단하고 자녀들의 마음을 다시 돌이킬 수 있도록 하나님께 도움을 구해야 합니다.

그러나 우선은 자녀들을 바꾸려고 하기 전에 스스로를 돌아보아야 합니다(마 7:5). 지금 당신의 마음은 하늘 아버지의 인도를 받고 있습니까? 하나님께 신실하게 행하며 순종하고 있습니까? 만약 그렇지 않다면 자녀들이 당신을 외면하고 하나님을 따르지 않음으로 부모의 본을 따르고 있다고 해서 놀랄 필요가 없습니다.

자녀들에게 다가가 이렇게 물어보십시오. "내가 너희에게 상처를 주거나 속상하게 한 일은 없었니? 내게 화가 나지는 않았니? 어떻게 하면 그 일을 바로 잡을 수 있을까? 너희가 무슨 생각을 하는지 솔직히 말해 주었으면 좋겠다."

기꺼이 귀 기울여 듣고, 사과하며, 문제가 말끔히 해결될 때까지 아이들의 좌절감이 해소될 수 있도록 도와주어야 합니다. 사랑으로 꼭 필요한 희생을 감수하고, 약속을 지키며, 다시 자녀들의 마음을 얻기 위해 필요한 모든 일을 기꺼이 감당하십시오.

자녀들을 한 명씩 개인적으로 만나서, 지금보다 더 친밀하고 진솔한 관계를 갖고 싶다고 말해 보십시오. 이 장 마지막 부분에 소개한 질문들을 자녀들에게 해보고, 자녀들의 마음을 얻고 그 마음을 유지하기 위한 구체적인 방법들을 실천하십시오.

☐ 오늘의 수업을 완수했으면 여기에 표시하십시오

- 당신과의 관계를 거부하는 자녀들이 있다면 그 이유가 무엇이라고 생각합니까?
- 자녀들과 건강한 관계를 유지하는 데 가장 도움이 되는 것은 무엇입니까?
- 이 문제로 자녀들과 개인적으로 대화하고 깨달은 것은 무엇입니까?

◊

내 아들아 만일 네 마음이 지혜로우면 나 곧 내 마음이 즐겁겠고. (잠 23:15)

Day 09

사랑은 소중하게 품어 줍니다

―――― ※ ――――

어머니가 자식을 위로함같이 내가 너희를 위로할 것인즉.
사 66:13

아버지는 자녀들을 깊고 대범하게 사랑할 수 있습니다. 단지 남자라는 이유만으로 아버지의 사랑이 한계가 있다고 생각한다면, 그 사람은 성경의 풍성한 진리나 사실에 비추어 생각하기보다 자신의 선입견에 따라 판단하는 사람일 수 있습니다.

그러나 어머니의 사랑 역시 여전히 귀하고 소중합니다. 미국에서 어머니날(Mother's Day)을 중요한 연중행사로 생각하는 데는 이유가 있습니다. 특별한 날들이 많이 있지만 유독 어머니날에 가족끼리 외식을 하는 데는 이유가 있습니다. 하나님은 어머니의 사랑을 놀랍고도 따스하게 만드셨습니다.

다윗은 완전한 마음의 평화를 누리는 상태를 묘사할 수 있는 언어 그림을 찾으면서, 자신을 어머니의 품에 안겨 쉬는 어린아이라고 생각했습니다(시 131:2). 이사야는 이스라엘이 포로 생활을 마치고 돌아와 이전 영광을 회복할 것이라고 말하면서, 그로 인한 순전한 기쁨과 만족감을 어머니의 품에 안긴 아이의 상태로 비유했습니다. "옆에 안기며 그 무릎에서 놀 것이라"(사 66:12).

이런 개념들은 '소중하게 품다'(cherish)라는 단어로 표현할 수 있습니다. 이 단어는 일반적으로 사랑한다는 의미가 아니라, 더 구체적으로 '따스하게 해주다'라는 의미를 갖고 있습니다. 어머니의 자궁을 빠져나오느라 놀란 신생아가 차갑고 허기진 상태로 어머니의 따스한 품에 안기는 모습을 떠올리면 됩니다. 어머니는 아기를 꼭 껴안고 사랑의 온기로 무력한 아이를 따뜻하게 품어 줍니다. 아이를 살펴보고 입에 젖을 물립니다. 아기의 고운 얼굴과 작은 손을 부드럽게 어루만집니다. 아기의 정수리에 살포시 뽀뽀를 하고 가늘고 부드러운 아기의 머리카락을 조심스럽게 쓰다듬어 줍니다. 아기의 귓가에 속삭이듯 나지막하게 노래를 불러 줍니다. 어머니는 아기의 두려움을 진정시키고 위로합니다. 아기는 그런 어머니의 손길에서 안정감과 사랑받고 있다는 감정을 느낍니다. 어머니의 따스한 품속에서는 모든 것이 편안하고 안심이 됩니다.

이것이 바로 소중하게 품는 모습입니다. 사랑은 자라나는 자녀들을 소중히 여길 수 있는 기회를 부모에게 줍니다. 물론 어머니들이 주로 자녀를 양육하고 길러 온 역사가 더 길지도 모릅니다. 그러나 아버지들 역시 사랑으로 자녀들을 품어야 합니다. 남편들은 아내를 사랑으로 따뜻하게 품고 부양하라는 명령을 받았습니다(엡

5:25-29). 사도 바울은 자신이 세우고 섬겼던 교회들을 향한 사랑을 표현하면서 '자기 자녀를 기르는 유모' 같은 심정이라고 말했습니다(살전 2:7). 아버지들은 자녀들의 마음을 따뜻하게 어루만지며, 실제적이고 훈훈한 사랑으로 자녀들을 위로하고 꾸준히 돌보아 주어야 합니다.

감사하게도 인생은 자녀의 나이에 상관없이 이러한 사랑을 표현할 수 있는 온갖 기회를 어머니와 아버지에게 선사합니다. 부모의 섬세한 돌봄과 때에 맞는 사랑의 손길은 자녀들의 말초신경까지 구석구석 전달되어 그들의 가슴을 따뜻하게 해줄 것입니다.

아들의 어깨를 팔로 가만히 감싸거나, 딸의 손을 잡아 주는 단순한 행동도 좋습니다. 함께 영화를 보며 오붓한 시간을 보내는 것도 좋고, 교회에서 예배를 드리며 슬쩍 윙크를 하거나 팔꿈치로 툭 치며 사랑을 표현하는 방법도 좋습니다. 교통 신호를 기다리며 뒷좌석에 앉은 자녀의 무릎을 손으로 톡톡 두들겨 주거나, 외출하려는 아이를 잠시 불러 세워 살짝 안아 주고 이마에 뽀뽀를 해주어도 좋습니다. 때로 거실에서 함께 레슬링을 하거나 간지럼을 태울 수도 있고, 수북이 쌓인 낙엽 더미 위에서 뒹굴며 놀 수도 있습니다.

하지만 이 글을 읽고 있는 지금, 이미 마음에 거부감이 생기는 이들도 있을지 모릅니다. 당신은 감정을 표현하는 데 서투를지도 모릅니다. 고개를 끄덕이거나, 말없이 미소를 짓거나, 식탁에서 맛있는 고기 한 점을 얹어 주는 것으로 사랑을 전달하는 것이 더 편할 수도 있습니다. 충분히 이해합니다. 모든 사람이 부모의 신체적인 접촉을 행복한 추억으로 간직하지는 않습니다.

하지만 그렇다 해도 자녀를 어루만지는 당신의 사랑이 담긴 손길은 자녀의 마음을 사로잡고 소중히 품도록 하나님이 주신 일상의 특별한 선물 중 하나임이 분명합니다. 타고난 기질로 인해 부담을 느껴서는 안 되겠지만, 예수님도 아이들을 축복하실 때 어루만지고 안아 주셨다는 사실을 기억하십시오(막 10:16). 또한 자녀들이 부모의 손길로 얻을 수 있는 따뜻한 애정을 마음으로 간절히 갈망하고 있을지도 모른다는 사실을 기억하십시오. 하나님은 치유를 가져오는 이 방법을 통해 당신이 과거에 자녀에게 준 상처를 만회하고, 자녀와의 관계를 건강하게 변화시켜, 자녀를 축복 가운데 양육하도록 도우실 수 있습니다.

날로 타락해 가는 세상 속에 살고 있는 자녀들의 인생은 차갑고 예측이 불가능할 수 있습니다. 매일의 스트레스로 지치고 좌절감에 시달릴 수도 있습니다. 때로 두려움과 불확실한 미래가 매서운 겨울처럼 느닷없이 덮쳐서 마음이 얼어붙고 차가운 불안감에 내몰릴 수도 있습니다.

그러나 어머니나 아버지가 되도록 하나님의 소명을 받은 자인 우리가 따뜻하고 부드러운 사랑의 손짓을 하는 것만으로도 차갑게 얼어붙은 아이들의 마음은 눈 녹듯이 녹을지 모릅니다. 부드러운 손길로 등을 가만히 감싸 주거나 뜨거운 포옹으로 위로를 건넬 때 아이들은 마음에 힘을 얻고 걱정과 불안을 떨쳐낼 수 있을 것입니다. 그리고 서로의 마음은 더욱 단단하게 연결될 것입니다.

성경은 어느 날 예수님께 나아가 엎드리며 끔찍한 질병에서 낫게 해달라고 간청한 한 나병병자의 이야기를 들려줍니다. 예수님은 그 병자의 기도에 단순히 말씀으로만 다 나았다고 선언하시며 응답해 주실 수도 있었습니다. 하지만 예수님은 당시의 문화적 관습과 개인적 위생이라는 통념을 깨뜨리고 "손을 내밀어 그에게 대시며"(막 1:41) 깨끗함을 받으라고 말씀하셨습니다. 가벼운 손길로 치유가 시작된 것입니다.

자녀들은 소중히 품에 안아 주어야 합니다. 그들을 어루만지는 부드러운 손길로 당신은 그 어떤 것으로도 전할 수 없는 따스한 사랑을 자녀들에게 전할 수 있습니다.

오늘 자녀의 삶에 온기를 불어넣고 마음을 따뜻하게 해주기 위해 무엇을 할 수 있겠습니까? 예상치 못한 상황에서 따스한 손길로 사랑을 표현할 기회가 생길 때 놓치지 말고 표현해 보십시오. "너는 정말 소중한 아이야"라고 표현할 수 있는 적절한 몸짓이 무엇인지 찾아보고 진심을 담아 실천하십시오.

☐ 오늘의 수업을 완수했으면 여기에 표시하십시오

- 당신의 애정 표현에 대해 자녀들은 어떻게 반응했습니까?
- 더 자주 표현해도 좋을 방법이라고 생각합니까?

누구든지 언제나 자기 육체를 미워하지 않고 오직 양육하여 보호하기를 그리스도께서 교회에게 함과 같이 하나니. (엡 5:29)

Day 10

사랑은 무례히 행하지 않습니다

─────── ⚜ ───────

존경하기를 서로 먼저 하십시오.
롬 12:10, 새번역

어린아이의 특유의 행동과 몸짓은 누구나 알고 있습니다. 갓난아기가 트림을 하거나, 식당에서 온 얼굴에 스파게티를 바르며 먹거나, 바지를 반쯤 내린 채 파티장으로 아장아장 걸어 들어와 화장실에 가겠다고 엄마를 부르는 모습을 보면 얼굴에 저절로 미소가 피어오릅니다. 아이들의 순진무구함은 그들을 이해하고 공감하는 세상에 행복한 즐거움을 선사합니다.

그러나 시간이 흘러 아이들이 나이가 들었음에도 여전히 장소에 맞지 않는 행동과 태도를 보여 준다면 더 이상 받아들이기 어렵습니다. 이전에는 관대하게 넘어갈 수 있었고 재미있기도 했던 행동들이 이제는 눈살을 찌푸리게 하고 짜증을 불러일으킵니다.

극장에서 소리를 지르거나, 여름 캠프에서 목욕하기를 거부하여 온 몸에서 악취가 나거나, 백화점에서 거친 욕을 입에 올리며 부모와 싸우는 십 대 아이를 본 적이 있을 것입니다. 그런 경우에 주변 사람들은 누구나 그들의 무례한 태도에 불쾌감을 느끼고 마음이 상할 것입니다. 일순간 주변 분위기가 싸늘해질 것입니다.

하지만 예의 바른 태도는 정반대의 효과를 만들어 냅니다. 함께 있는 사람들의 마음은 따뜻해지고 훈훈한 분위기가 조성됩니다. 정중하고 예의 바른 아이들과의 관계는 좋은 향기를 맡는 것처럼 유쾌하고 기분 좋은 경험이 됩니다. 가정에서는 서로를 더욱 존중하고 좋아하는 분위기가 형성됩니다. 당신의 자녀들이 다른 사람에게도 이와 같은 기쁨을 주기를 원하지 않습니까? 더불어 당신도 그런 경험을 하기를 원하지 않습니까?

자녀들에게 공손하고 예의 바른 태도를 적극적으로 가르치고 몸소 모범을 보여 준다면 아이들을 더 존중하게 될 뿐 아니라, 아이들이 다른 사람들에게 살아 있는 축복이 되도록 도와줄 수 있습니다. 자녀들과 함께하는 시간이 즐겁지 않은 부모는 사려 깊고, 친절하며, 호감이 가도록 아이들을 훈련하는 시간을 실제로 가졌는지 심각하게 자문해야 합니다.

예의범절은 본질적으로 사랑을 표현하고, 상대방이 하나님의 형상으로 만들어진 가치 있고 소중한 존재이기 때문에 존중한다는 마음가짐을 보여 주는 한 가지 방식입니다(창 1:27). 우리가 상대방을 존중하며 에티켓을 지킨다면 황금률 실천에 대한 실제적이고 생생한 본을 보여 줄 수 있습니다(눅 6:31). 또한 "각각 자기 일을 돌볼뿐더러 또한 각각 다른 사람들의 일을 돌보아" 불쾌감을 최소화 할 수 있습니다(빌 2:4). 우리는 이렇게 함으로 "모든 사람을 존중" 하라는 성경의 명령을 지킬 수 있습니다(벧전 2:17, 새번역).

온순하고 예의 바른 태도는 부모와 자녀들이 걸어 다니는 축복이 되도록 도울 뿐 아니라, 종종 사람들의 특별한 '호의와 인정'을 얻게 도와줌으로 또래들 중에서 단연 돋보이게 해줍니다. 성경은 구약에 나오는 청년 다니엘에 대해 "왕궁에 설만한" 사람이라고 평가하고 있는데, 그는 특별한 요청을 할 수 있을 정도로 당국자들에게 호의를 얻었습니다(단 1:8-14).

예수님 역시 열두 살 때 이미 연장자들을 존경하고, 그들과 흥미진진한 대화를 이어가며, 그들이 말할 때 주의 깊게 듣는 법을 배우고 계셨습니다(눅 2:46). "예수는 지혜와 키가 자라가며 하나님과 사람에게 더욱 사랑스러워 가시더라"(눅 2:52). 서로 축복을 주고받기 위해서는 올바른 태도가 중요합니다.

이 영역에서 사회적으로 성공하기 위해서는 먼저 가정에서 개인적으로 모범을 보여야 합니다. 자녀들을 향한 사랑이 주위 사람들을 대하는 태도의 변화로 이어지게 하십시오. 딸을 위해 문을 열어 주거나, 아들에게 도와줘서 고맙다고 인사하는 것과 같은 기본적인 행동일 수도 있습니다. 실수를 했을 때 미안하다고 사과하거나, 자녀들이 용기와 힘을 얻도록 대화에 참여시키거나, 친구들이나 만나는 사람들에게 아이들을 정중하게 소개하는 것도 여기에 해당할 수 있습니다. 시간을 정확히 지키거나, 식사 예절을 지키는 것도 중요합니다. 자녀들은 점점 성장할수록 부모에게서 배운 예의범절을 무의식중에 실천하게 될 것입니다.

우리의 자녀들은 우리가 매일 변함없이 그들과 배우자, 이웃, 손님, 우리가 만나는 모든 사람을 존중하고 배려하는 모습을 보며 자라야 합니다. 예의는 성장하고 성숙해 가는 것입니다. 자녀들이 오늘 가정에서 상대방을 존중하는 부모의 모습을 확인한다면, 내일 사회에서 만나는 모든 사람을 존중하며 배려할 것이고, 언젠가는 그들의 자녀들에게 그 모습을 물려줄 것입니다.

자녀들이든 우리 스스로든 무례함이 용납되지 않는 지점까지 성장해 가야 합니다. 누군가를 놀리거나 모욕감을 주지 않으며, 저속하고 무례하고 상스런 어떤 말도 하지 않는 상태, 빈정거리거나 토라지고 투덜대는 행동이 일상적으로 나타나지 않는 분위기가 정착되어야 합니다.

그 대신 상대방이 먼저 지나가도록 양보하고, 분명하게 자기의 의사를 표현하며, 바른 자세로 걷고, 상황에 맞게 옷을 차려입는 것과 같은 소소한 일들의 중요함을 자녀에게 이야기해 보십시오. 이런 태도들이 습관으로 자리 잡으면, 자녀들을 키우는 시기에도 도움이 될 뿐 아니라, 자녀들의 일생에도 도움이 될 것입니다. 공손한 태도와 올바른 예의범절을 가르치는 것은 자녀들이 친구 관계와 결혼 생활, 사회 생활에서 성공할 수 있도록 도와주는 매우 현명한 투자라 할 수 있습니다.

아직까지 자녀들에게 예의범절을 가르치는 노력을 하지 않았다면, 상대방을 정중하게 대하는 태도를 심어 주는 일부터 시작하십시오. 바른 식사 예절을 보여 주고, 낯선 사람들을 미소로 맞아 주는 모습을 보여 주는 것은 단순히 그들이 본받아야 할 훌륭한 행실을 알려 주기 위한 것이 아닙니다. 그것은 사랑의 본을 보여 주는 것이며, 그들의 가장 내밀한 인격에 그들이 당연히 받아야 할 존중을 보여 주는 기회를 매일 선사하는 것입니다. 이렇게 함으로 그들은 자신의 존재로 세상을 축복하는 법과 살아가는 동안 좋은 평판을 얻는 법을 배워 가게 될 것입니다.

오늘 저녁 식사 시간에는 식탁 예절을 알려 주도록 하십시오. 서로에게 불쾌감을 주는 행동을 피하고 상대방을 더 존중하고 배려하기 위해 실천할 수 있는 방법들에 대해 터놓고 이야기해 보십시오. 즐거운 식사를 나누며 올바른 예의범절에 대해 배우고 서로를 섬기는 기회를 가져 보십시오. 올바른 에티켓에 관한 간단한 책자를 찾아 가족이 함께 새로운 식사 예절에 관해 배워 보도록 하십시오.

☐ 오늘의 수업을 완수했으면 여기에 표시하십시오

- 당신과 자녀들이 올바른 예의범절을 배워야 하는 영역이 있다면 무엇입니까?
- 식탁 예절을 연습하면서 가족이 함께 배운 내용은 무엇입니까?

깨끗한 마음을 간절히 바라며 덕을 끼치는 말을 하는 사람은, 왕의 친구가 된다. (잠 22:11, 새번역)

Day 11

사랑은 가르칩니다

오늘 내가 네게 명하는 이 말씀을 너는 마음에 새기고
네 자녀에게 부지런히 가르치며.

신 6:6-7

성인이 되기 전에 미리 배웠더라면 하고 아쉬워한 것들이 얼마나 많습니까? 제때 배우지 않아서 대충 처리할 수밖에 없었던 것들은 또 얼마나 많습니까? 회계의 잔고를 맞추는 법이나 자동차를 관리하는 법, 성경을 공부하는 법이나 친구와 좋은 관계를 유지하는 법은 어떻습니까?

면접시험 때 자신의 의견을 정확히 표현하는 법이나, 멋진 음식을 요리하여 대접하는 법, 빚을 지지 않으면서 지혜롭게 신용카드를 쓰는 법 등을 제대로 배웠더라면 어떤 낭패를 피할 수 있었겠습니까?

인생을 제대로 항해하기 위해서는 문제를 해결하는 법을 배워야 합니다. 곤란한 일을 만났을 때 상황을 정확히 판단하여 지혜롭게 해결하고 모두에게 유익이 되도록 반전시키는 법을 배워야 합니다. 하지만 누군가의 지도를 받으며 제대로 준비할 수 있는 시간이 없었거나 기본적인 기술을 습득하지 않은 상태라면 항상 처음부터 다시 시작해야 합니다. 아무것도 모른 채 부딪혀야 하고 문제가 생긴 상태에서 수습을 할 수밖에 없습니다.

그래서 자녀를 사랑하는 부모의 개입이 필요합니다. 사랑은 자녀 양육을 신입생 교육처럼 바라봅니다. 성공을 돕는 수업이나 인생의 전투에 대비하도록 돕는 신병 훈련소처럼 생각합니다. 그곳은 작은 모험들을 하나씩 경험하며 평생 지속적으로 훈련을 받는 곳입니다. 운동화 끈을 매는 법, 자전거를 타는 법, 주차하는 법, 셔츠를 다리는 법 등 모든 것이 여기에 포함됩니다.

사랑은 "이리 와. 어떻게 하는지 보여 줄게"라고 말합니다.

"이렇게 하면 어떻게 되는지 잘 보렴"이라고 말합니다.

"그렇게 어리석은 실수를 해서는 안 된단다"라고 말합니다.

맞습니다. 당신은 매일 생기는 일상의 문제를 혼자서도 쉽게 해결할 수 있습니다. 보통 그렇게 해야 더 손쉽고 빠르게 문제를 해결할 수 있을 것입니다. 그러나 부모를 지켜보고 있는 어린 자녀를 가까이 불러서 문제를 해결하는 과정을 잠깐이라도 보여 준다면, 심지어 그들이 직접 문제를 해결해 보도록 잠시 맡겨 본다면 자녀와의 관계는 더욱 돈돈해질 수 있고, 동시에 자녀들의 문제 해결 능력을 길러 줄 수도 있습니다.

당신이 문제를 해결하는 과정을 자녀들이 지켜보게 한 다음,

그들이 당신을 돕도록 하고, 당신의 감독 아래 직접 시도해 보도록 기회를 주는 것만으로도, 당신이 알고 있는 거의 모든 기술을 자녀들에게 가르칠 수 있습니다.

이것은 직접 손으로 기술을 익히고 가정 살림 꾸리는 법을 배우는 것에서 끝나지 않습니다. 사랑은 자녀들의 사고 능력과 관계 지능이 발달하도록 돕습니다. 올바른 가치관을 자녀의 내면 깊숙이 심고, 지혜로 그들의 세계관을 발전시키는 것입니다.

당신이 존경하는 사람들의 어떤 점을 자녀들이 가장 존경하는지 알고 있습니까? 혹은 중대한 실수를 저지른 후 어떤 교훈을 배웠는지 알고 있습니까? 자녀와 함께 영화를 본 다음, 각 캐릭터와 영화에서 미묘하게 묘사하는 메시지에 대해 이야기 나누는 시간을 가져 보십시오. 영화에서 강조하는 가치관은 무엇인지, 등장인물의 행동 중 옳은 부분과 잘못된 부분은 무엇인지, 실제 생활에서 본받아야 할 행동이나 피해야 할 행동은 무엇인지 아이들이 분별하도록 도와주십시오.

가족 모두가 함께 고민해 보는 살아 있는 저녁 토론 시간을 만드십시오. "네가 그의 입장이라면 어떻게 하겠니?"라고 물어보거나 "그럼 어떻게 해야 하겠니?"라고 질문해 보십시오.

그러나 거기서 멈추어서는 안 됩니다. 우리는 가정을 배움이 이루어지는 현장으로 삼음으로, 자녀들의 영적 훈련이 일상에서 이루어지도록 할 수 있습니다. 삶의 자연스러운 부분이 되도록 할 수 있습니다. 손님들을 따뜻하게 맞아 주는 것부터 텃밭에서 키운

채소를 이웃과 나누어 먹는 것에 이르기까지 모든 일에 하나님을 공경한다는 생각으로 임하게 하십시오. 그러면 하나님과 동행하는 삶이 교회에서 몇 시간 동안에만 이루어지는 별개의 범주가 아니라는 것을 알 수 있을 것입니다. 하나님을 공경하는 것은 매일의 여정입니다. 화요일 저녁 식사를 마치고 미술 숙제를 하는 동안에도 이 여정을 이어갈 수 있습니다. 마당에서 공 던지기 놀이를 할 때에도 이 여정은 계속될 수 있습니다.

사랑은 스승의 마음을 품습니다. "대저 지혜는 진주보다 나으므로 원하는 모든 것을 이에 비교할 수 없음이니라"(잠 8:11)라는 말씀을 이해합니다. 사랑은 인생의 당근과 신선한 채소들을 자녀들이 받아들일 수 있는 방식으로 제공합니다. 그리고 그것은 세월이 흘러도 계속되는 장기적인 영양 공급을 의미합니다.

예수님이 제자들을 이렇게 대하셨습니다. "공중의 새를 보라 … 너희 하늘 아버지께서 기르시나니 너희는 이것들보다 귀하지 아니하냐 … 그러므로 염려하여 이르기를 … 하지 말라"(마 6:26-31)와 같은 말씀으로 순간순간 필요한 교육을 시키셨습니다.

성경이 "집에 앉았을 때에든지 길을 갈 때에든지 누워 있을 때에든지 일어날 때에든지"(신 6:7) 자녀들을 가르치라고 말씀하는 이유도 마찬가지입니다. 우리는 의도성을 가지되 때에 맞게 가르쳐야 합니다. 가르칠 수 있는 기회는 언제 어디서든지 찾을 수 있습니다.

자녀들이 성공의 길로 가기를 원합니까? 빚에 쪼들리지 않고 시간을 잘 관리하며 살아가기를 원합니까? 흥미가 떨어질 때에도 쉽게 일을 그만두지 않고 올바로 처신하는 직업윤리를 가지기를 바랍니까? 결혼을 하고 어엿한 가정을 꾸리기를 원합니까? 당신이 알고 있는 지식을 아이들에게 전해 주기를 원하고, 당신이 저지른 실수를 답습하지 않기를 원합니까? 아직 호기심이 남아 있고 배울 의욕이 있을 때 자녀들과 함께 배우는 시간을 갖고 싶습니까? 그렇다면 지금 바로 의지를 가지고 앞에 놓인 기회들을 붙잡아야 합니다.

이제 잠자리에 들 때가 되었다고, 혹은 아이들이 대학을 졸업한 후에나 깊이 대화하겠다고 미루어서는 안 됩니다. 예산을 짜거나 일정을 짤 때 자녀들에게 그 과정을 보여 주고 직접 참여하도록 기회를 주십시오. 십일조를 드릴 때 그들의 용돈으로 어떻게 하나님을 섬길 수 있는지 가르치는 기회로 삼으십시오(잠 3:9-10). 오늘 하면 두 배의 시간이 걸릴 수 있지만, 내일로 미룬다면 두 배나 더 심각한 문제에 봉착할 수 있습니다.

누구나 그렇듯이 인생에는 수많은 함정과 깊은 골짜기들이 기다리고 있습니다. 그러나 오늘 사랑의 마음으로 지도를 꺼내어 다리들을 확인하는 수고를 감당한다면, 자녀들이 부모에게 배운 대로 정상에 올라가서 기뻐할 때 하나님께 감사드릴 수 있도록 준비시킬 수 있습니다. 오늘 사랑으로 가르치고 싶은 것은 무엇입니까?

자녀들에게 가르치고 싶은 것을 두 가지 목록으로 만들어 보십시오. (1. 인생을 살아갈 때 필요한 기술 / 2. 인생의 교훈) 노트에 적은 다음 늘 가까이에 두고 보십시오. 숙제를 봐줄 때나 가르치기 좋은 순간을 찾아 자녀와 함께 그것을 실천해 보십시오. 습관처럼 늘 이런 시간을 가지십시오.

☐ 오늘의 수업을 완수했으면 여기에 표시하십시오

- 자녀들과 무엇을 하기로 했습니까?
- 자녀들이 배운 것은 무엇입니까?
- 당신은 무엇을 배웠습니까?

내 교훈은 비처럼 내리고 내 말은 이슬처럼 맺히나니. (신 32:2)

사랑은 격려합니다

선한 말은 꿀송이 같아서, 마음을 즐겁게 하여 주고,
쑤시는 뼈를 낫게 하여 준다.

잠 16:24, 새번역

부모는 누군가가 자녀들을 칭찬해 주면 너무나 좋아합니다. 그러나 정작 자녀들이 부모의 칭찬을 얼마나 듣고 싶어 하는지는 잘 모를 수 있습니다.

말에는 정말 큰 힘이 있습니다. 성경은 "죽고 사는 것이 혀의 힘에 달렸나니 혀를 쓰기 좋아하는 자는 혀의 열매를 먹으리라"(잠 18:21)라고 말합니다. 우리는 자녀들에게 말로 사랑을 전하며 희망의 다리를 놓아 줄 수도 있고, 자녀들의 인식에 악영향을 끼쳐 자신감이 완전히 무너지도록 만들 수도 있습니다.

당연하겠지만 언제나 칭찬만 해줄 수는 없습니다. 칭찬을 해줄 만한 좋은 일이 아니라, 눈살을 찌푸릴 수밖에 없는 심각한 문제를 다루어야 할 경우도 있습니다. 그러나 당신의 자녀들은 자신이 어떤 잘못을 저질렀다 하더라도 당신이 여전히 그들의 가장 열렬한 팬이라는 사실을 알고 있습니까? 자녀들이 있는 그대로 용납받았음을 다시 확인하고 자신감을 가지고 부모와 대화를 나눈 때는 마지막으로 언제입니까?

부모의 입술의 열매는 자녀들이 스스로의 존재를 규정하고 자신의 정체성을 이해하는 데 도움이 될 뿐만 아니라, 자녀들의 운명을 결정짓기도 합니다. 부모들이 자녀들을 비웃고 욕하거나 인생의 낙오자가 될 것이라고 단정적으로 말함으로 의도치 않게 자녀들을 저주하는 때가 얼마나 많은지 모릅니다. 악담이라는 맹독을 단 10초만 주입해도 자녀들의 인생은 영원히 파탄날 수 있습니다. 그러므로 우리는 반드시 혀에 재갈을 물려야 합니다(약 1:26; 3:2-12).

자녀들의 잘못을 지적할 때는 상처가 되는 말을 사용하지 않도록 늘 조심해야 합니다. 아들에게 어리석은 짓을 했다고 지적하는 것과 실제로 아들을 바보라고 부르는 것에는 큰 차이가 있습니다.

하나님은 용기를 북돋우고, 명예를 높이며, 그들 자신에 대한 인식을 바꾸도록 돕기 위해 자주 사람들의 이름을 바꾸어 주셨습니다(창 17:5; 32:28; 요 1:42). 자녀들은 자신이 죄인이라는 것을 겸손한 마음으로 인정해야 하지만, 더불어 자신이 하나님의 형상으로 만들어진 존재로서 여전히 하나님의 사랑을 받으며 부모의 축복을 받는다는 것도 스스로 인식해야 합니다.

우리는 인내와 사랑의 마음으로 우리 혀를 분별력 있게 사용해야 하고, 자녀를 격려하며 용기를 북돋워 주는 분위기를 만들어야 합니다. 우리 입으로 저주와 원망과 조롱의 오염된 샘이 아닌 사랑과 진리의 우물을 가꾸어 가야 합니다.

바울은 이에 대해 이렇게 말했습니다. "나쁜 말은 입 밖에 내지 말고, 덕을 세우는 데에 필요한 말이 있으면, 적절한 때에 해서, 듣는 사람에게 은혜가 되게 하십시오"(엡 4:29, 새번역). 절대 흠을 찾아내거나 꼬투리를 잡는 것 자체가 목표가 되어서는 안 됩니다. 잘못을 저지르거나 실수를 할 때마다 부모에게 야단을 들을까 끊임없이 염려하고 불안해하는 자녀는 당신의 말에 무게에 짓눌려 시들고 말 것입니다. 하나님은 우리의 수치스러운 행위들을 일일이 지적할 수 있으셨습니다. 하지만 성경은 하나님에 대해 그 자녀들을 보고 기쁨을 이기지 못하시는 분이라고 밝히고 있습니다(습 3:17).

당신은 공개적으로 자녀들을 칭찬하고 자랑하는 편입니까? 사랑을 자주 확인시켜 주거나 장점을 격려하고 응원해 주는 편입니까? 한번 생각해 보십시오. 새로운 도전을 앞두고 있는 자녀가 언제든 부모의 전폭적인 지원을 의지할 수 있다는 것을 안다면, 그것이 그들의 포부를 키우는 데 얼마나 도움이 될지 말입니다. 성공하든 실패하든 부모가 언제나 지지하고 응원해 준다는 확신만 있다면 아무리 어려운 과제를 만나도 마음껏 최선의 기량을 발휘할 수 있을 것입니다.

자녀들에게 즐거운 마음으로, 신중하게, 일상적으로 친절한 말을 해줌으로 격려의 수준을 한층 높여 보십시오.

즐거운 마음으로. 부모가 자신들을 자랑스러워하고 기쁘게 생각한다는 사실을 알 때 자녀들은 고무됩니다. 자녀의 장점을 다른 방에서 들릴 정도의 큰 목소리로 배우자에게 칭찬해 보십시오. 부모의 칭찬은 자녀들이 살아가는 동안 그들의 마음속에서 살아 약동할 것이고, 그들의 귓가에서 끊임없이 속삭이며 용기를 줄 것입니다.

"너의 어떤 점을 정말 좋아하는지 아니?"라는 질문으로 기억에 오래 남을 대화를 시작할 수도 있습니다. 혹은 "이야, 정말 굉장한데? 정말 잘하는구나"와 같은 말로 자녀의 실력을 칭찬해 줄 수도 있습니다. 칭찬 들을 만한 일을 하지 않았다 하더라도 아이를 진심으로 꼭 안아 주며 "하나님께서 너를 우리 가족으로 보내 주셔서 얼마나 기쁜지 몰라"라고 속삭이듯 확인해 주는 일은 언제나 좋습니다. 이런 말들은 자녀들에게 소중한 자산이 될 것입니다.

신중하게. 말을 할 때는 신중하게 생각해서 말해야 합니다. 당신이 어떤 칭찬의 말을 하든지 자녀들은 그 말을 소중히 간직하고 앞으로 그 말을 따라하려고 할 것입니다. 그러므로 부모는 단순히 겉으로 드러나는 모습이나 학업 성적보다는 내면의 인격을 칭찬하도록 세심하게 관심을 기울여야 합니다. 정직하고 부지런해서, 혹은 친절해서 얼마나 자랑스럽게 생각하는지 알려 주면, 머리 모양이나 오늘 신은 양말이 마음에 든다는 식의 칭찬보다 장기적으로 그들의 도덕적 기초를 튼튼히 하는 데 도움이 될 것입니다.

부모의 칭찬과 격려가 장차 자녀가 선택할 길에 결정적인 영향을 줄 수 있음을 기억해야 합니다. 현명하게 겨냥해서 말해야 합니다. "이 그림 정말 잘 그렸구나. 세밀한 부분까지 묘사한 점이 너무나 마음에 들어"라고 말한다면 그 분야에서 계속 실력을 갈고 닦고 싶은 열정이 더 뜨거워질 수 있습니다.

일상적으로. 자녀들은 언제라도 낙심하거나 어긋날 수 있으므로 오랜 습관처럼 자녀들을 격려하고 도전해야 합니다. "'오늘'이라고 하는 그날그날, 서로 권면하여, 아무도 죄의 유혹에 빠져 완고하게 되지 않도록 하십시오"(히 3:13, 새번역).

사랑은 자녀들이 아무리 나이가 들었어도 좋은 성품과 행동을 칭찬하고 격려해 줄 이유를 부지런히 찾아냅니다. 자녀들이 성인이 되었다 하더라도 그들의 자랑스럽고 뿌듯한 점을 발견하면 사소하게 보이는 일에도 칭찬해 줄 기회를 찾습니다.

지금 자녀들의 삶을 더 많이 축복하고 기뻐할수록 그들을 더 높이 날아오르게 하여 미래에 더 크게 축복하고 기뻐할 이유들을 선사할 수 있을 것입니다. 그러니 입을 열어 당신의 사랑이 마음껏 나래를 펼치게 하십시오.

다가오는 한 주간 동안 매일 자녀들의 긍정적인 자질을 집중해서 칭찬해 주십시오. 친구와 가족들 앞에서 공개적으로 할 뿐 아니라 단 둘이 있을 때에도 칭찬하십시오.

☐ 오늘의 수업을 완수했으면 여기에 표시하십시오

- 자녀들 한명 한명에 대해 어떤 자질들을 떠올렸습니까?
- 그 자질들을 자녀들에게 어떻게 표현해 주었습니까?
- 자녀들은 어떤 반응을 보였습니까?

그러므로 피차 권면하고 서로 덕을 세우기를 너희가 하는 것같이 하라. (살전 5:11)

Day 13

사랑은 자녀를 훈계합니다

너는 사람이 그 아들을 징계함같이 네 하나님 여호와께서
너를 징계하시는 줄 마음에 생각하고.
신 8:5

자녀들이 잘못을 저지를 때 부모는 그 사실을 무시하거나 대충 얼버무리는 식으로 절대 사정을 봐주지 않습니다. 자녀를 사랑하는 부모는 반드시 자녀의 잘못을 지혜롭게 징계합니다. "내 아들아 여호와의 징계를 경히 여기지 말라 … 대저 여호와께서 그 사랑하시는 자를 징계하시기를 마치 아비가 그 기뻐하는 아들을 징계함같이 하시느니라"(잠 3:11-12).

자녀를 사랑하는 마음이 지극할수록 자녀가 어리석은 짓을 하거나 거역하고 반항할 때 절대 무시하거나 가볍게 생각하고 넘어가지 않습니다. "매를 아끼는 자는 그의 자식을 미워함이라 자식을 사랑하는 자는 근실히 징계하느니라"(잠 13:24). 징계하는 것이 기분 좋거나 기꺼운 일은 아니지만, 궁극적으로 징계의 목적은 자녀가 지혜롭게 사고하도록 의식을 훈련하고, 존경하는 마음으로 복종하도록 마음을 훈련하는 데 있습니다(잠 22:15). "무릇 징계가 당시에는 즐거워 보이지 않고 슬퍼 보이나 후에 그로 말미암아 연단 받은 자들은 의와 평강의 열매를 맺느니라"(히 12:11).

우리는 자녀들이 자기 행동에는 실제적인 결과가 따른다는 것과, 착한 행동을 하고 경건한 성품을 기를 때 더 큰 자유와 양심의 평안과 지속적인 기쁨을 누릴 수 있다는 것을 깨닫도록 도와주어야 합니다. 성경은 하늘에 계신 우리 아버지께서 "우리의 유익을 위하여 우리를 징계하시고" 우리가 더욱 성숙하며 더욱 그를 닮아 가도록 하신다고 말합니다(히 12:10).

그러므로 자녀의 잘못을 바로잡거나 꾸짖지 않을 때 우리는 자신의 마음 상태를 정직하게 돌아볼 필요가 있습니다. 자녀들이 남은 인생을 올바로 살아가도록 훌륭한 덕성을 길러 주기보다, 당장의 평화를 깨고 얼굴 찌푸리는 일이 생길까 봐 주저하는 것은 아닌지 스스로에게 반문해 보아야 합니다.

그들의 잘못을 계속 눈감아 주고 용서해 주고 싶은 마음이 든다 하더라도 (자신의 피로감 때문이든, 자녀가 화를 내고 반항하지는 않을까 하는 두려움 때문이든) 사랑은 용감하게 자녀의 행동에 개입하여 필요한 지적과 행동을 합니다. 하나님께서 사랑으로 자녀 된 우리에게 하시는 행동이 바로 이런 것입니다.

하나님의 징계 수위를 생각해 보기 바랍니다. 하나님은 불순종의 대가를 미리 우리에게 알려 주시며 분명하게 우리를 권면하고 교훈하여 주십니다. 우리가 거부하면 하나님은 우리에게 경고를 보내시거나 책망하십니다. 또한 말씀에 불순종하고 반역하면 사랑으로 우리를 '징계하시고 채찍질하셔서' 그 잘못에 따른 고통스러운 결과를 감당하도록 하십니다(히 12:5-6). 그는 오래 참으시지만 절대 만만하신 분은 아닙니다.

마찬가지로 부모는 주의 교훈과 훈계로 자녀들을 양육하라는 명령을 받았습니다(엡 6:4). 양육은 명확하게 교훈을 가르치는 것과 규칙을 어길 때 징계하는 행위를 모두 포함합니다. 하지만 훈계는 우리가 궁극적으로 공경하고 순종해야 할 분은 오직 하나님 한 분뿐이라는 것을 자녀들의 양심에 호소함으로써 한 걸음 더 나아가는 것을 말합니다.

자녀들이 하나님을 경외하는 마음을 기르지 않는다면 미래에 올바른 도덕적 판단과 결정을 내리는 데 필요한 항구적인 토대를 마련할 수 없을 것입니다. 하나님의 성품과 명령은 우리가 자녀들에게 교훈을 가르쳐야 할 이유가 됩니다. 거짓말이 나쁜 이유는 하나님이 진리이시기 때문이고, 그분이 진리로 행하라고 명령하셨기 때문입니다. 원한과 미움은 하나님의 사랑과 그분의 명령을 정면으로 위배하는 것입니다. 모든 권세자는 하나님의 권세를 대변합니다. "주께 하듯이" 부모에게 순종하도록 자녀들을 훈련하지 않는다면 장차 하나님께 불순종하도록 훈련하는 꼴이 됩니다.

성경은 속이고 훔치고 부도덕한 행동으로 악명을 날리던 아들 둘을 둔 존경받는 히브리 제사장 엘리의 예를 보여 줍니다. 두 아들은 아버지의 가르침대로 행하지 않았지만, 엘리는 그들의 잘못을 꾸짖거나 책망하지 않았습니다. 하나님은 이런 그의 태도에 진노하시며 이렇게 질문하셨습니다. "너희는 어찌하여 … 네 아들들을 나보다 중히 여기느냐"(삼 2:29; 3:13). 엘리는 아들들을 꾸짖기는커녕 주 앞에서 그들을 훈계하라는 하나님의 요청을 외면하고, 그들의 현재적 행복을 지켜 주려는 맹목적 사랑을 더 중시했습니다. 자식에 대한 사랑처럼 보이는 것이 역설적으로 그들의 영혼을 무시하는 파괴적인 행동이 되었습니다. 마찬가지로 우리 역시 자녀들을 훈계하거나 징계하지 않는다면, 우리의 사랑은 오히려 장기적으로 자녀들에게 부정적인 영향을 미치게 될 것입니다.

오늘의 전투에서 부모를 공경하고 부모의 말에 진지하게 반응하도록 자녀들을 훈련하지 않는다면, 내일의 수많은 전투에서 패배하게 될 것입니다. 사랑은 문제를 피해 달아나지 않습니다. 기꺼이 부모가 치러야 할 대가를 감당합니다. 자녀들이 죄를 지으면 사랑으로 개입합니다. 무엇이 잘못인지, 그 이유는 무엇인지 설명해 줍니다. 자녀들에게 최선이 되는 방향으로 행동합니다. 어리석은 행동과 거역하는 마음을 단호하게 지적하고 책망합니다. 확실한 결과를 알려 주고 경계를 분명하게 설정해 줍니다.

성경은 잘못된 부모의 권한 남용을 옹호하지 않습니다. 하지만 눈물이 날 정도로 따끔하게 필요한 훈육을 시행함으로 자녀들이 부모의 권위를 존중하게 할 것을 요구합니다. 그렇게 해야 다시는 그러한 잘못을 되풀이하지 않을 것이기 때문입니다. 자녀들에게 아무리 잔소리를 하고 위협하고 설교를 늘어놓는다 하더라도 따끔하게 벌을 내리는 후속 조치가 이루어지지 않는다면, 자녀들은 부모의 말을 진지하게 받아들이지 않을 것입니다. 실제적인 조치와 실천이 있어야 부모의 말에 권위가 실릴 것입니다.

잘못을 저질렀을 때 매를 맞거나, 외출 금지를 당하거나, 어떤 특권을 잃게 될 것이라고 말을 했다면 반드시 그 말을 그대로 지켜야 합니다. 그렇게 하지 않으면 공허한 빈 말이 될 것이고, 부모는 허풍쟁이나 더 나쁘게는 거짓말쟁이가 될 것입니다.

당연하겠지만, 징계에는 인내와 아량과 긍휼한 마음이 동반되어야 합니다. 자녀들의 마음이 상처입지 않도록 항상 보호해 주어야 하고, 당신의 결정을 사랑의 마음으로 분명하고 공정하게 설명해 주어야 합니다. 만약 화를 참지 못한 채 징계하거나, 그들의 잘못보다 훨씬 더 가혹한 대가를 치르도록 한다면, 자녀들은 상처를 받을 것입니다. 하지만 세상은 잘못을 했음에도 책망받지 않고 마음대로 구는 버릇없는 아이들을 필요로 하지 않습니다. 사랑은 자녀들을 자부심과 책임감을 가지고 양육하도록 우리를 담금질합니다. 우리의 자녀들을 하나님을 사랑하고 신실함으로 행하는 사람, 가정과 사회에 축복이 되는 사람으로 기르기 위해서는 단호하게 훈계하고 징계하는 부모의 사랑이 꼭 필요합니다.

자녀들을 징계할 때 사용하는 방법을 기도하며 생각해 보십시오. 그 방법들은 효과가 있습니까? 양심에 호소할 뿐 아니라 행동을 수정하게 할 방법이 포함되어 있습니까? 직접적이되 공정한 징계 방법을 사용하며, 자신의 행동에 하나님께 영광을 돌리겠다는 목표가 반영되도록 노력하십시오.

☐ 오늘의 수업을 완수했으면 여기에 표시하십시오

- 자녀를 훈계와 교훈으로 양육하기 위해서는 구체적으로 어떤 부분이 변해야 합니까?
- 자료가 필요하다면 부록 264쪽의 '성경은 체벌에 대해 어떻게 말하는가?'를 참고하십시오.

대저 명령은 등불이요 법은 빛이요 훈계의 책망은 곧 생명의 길이라. (잠 6:23)

Day 14

사랑은 긍휼히 여깁니다

아버지가 자식을 긍휼히 여김같이 여호와께서는
자기를 경외하는 자를 긍휼히 여기시나니.

시 103:13

아직은 아니지만, 우리 자녀들은 어쩔 수 없이 인생의 먹구름을 만날 때가 올 것입니다. 가슴이 찢어질 듯한 절망감, 인생이 무너지는 듯한 실패와 좌절, 예기치 못한 불행, 혼란, 염려, 스트레스가 바로 그것입니다.

애지중지하는 물건을 잃어버리거나, 학교 시험에 낙방하거나, 친구가 던진 말에 상처를 입을 수도 있고, 심지어 잘못을 저지르거나 죄를 지어 수치를 당할 수도 있습니다. 어떤 경우이든 이런 순간들은 부모가 자녀에게 인생의 가장 중요한 자질 중 하나를 보여 줄 이상적인 기회가 될 수 있습니다. 바로 긍휼입니다.

마음에 상처를 입었을 때, 인생의 무게로 짓눌릴 때, 수치심으로 괴로울 때 우리는 긍휼히 여김을 받기를 간절히 바랍니다. 가난한 사람들을 도와주거나 거동이 불편한 사람들과 억눌린 사람들을 섬기는 이들이 존경을 받는 이유도 바로 이런 긍휼히 여기는 마음 때문입니다.

긍휼은 누군가 무거운 짐으로 허덕일 때 진심으로 걱정하고 마음 아파하며, 기꺼이 손을 내밀어 함께하기로 선택하는 것입니다. 힘들어하는 사람의 어려움을 무시하지 않고 그 괴로움에 귀 기울이는 것입니다. 다른 사람에게 책임을 미루기보다 그 눈에서 흐르는 눈물을 닦아 주는 것입니다. 수치를 들추어내지 않고 조용히 덮어 주며, 그의 짐을 외면하지 않고 함께 지는 것입니다.

사람들은 상처를 입을 때 누구라도 자비의 손길을 내밀어 주기를 간절히 바랍니다. 그리고 누군가 마음을 같이해 줄 사람이 있다면 한걸음에 달려갑니다. 자녀들이 아무도 자신에게 관심이 없다고 체념할 때, 긍휼은 부모에게 "나는 관심이 있어"라고 사랑으로 소리치게 합니다. 하나님이 주신 긍휼의 마음을 확인해 주는 것이 매우 중요한 이유가 여기에 있습니다.

자녀들의 인생에 닥치는 어려운 상황들은, 우리가 그들의 안전한 피난처임을 증명할 놀라운 기회가 될 수 있습니다. 무거운 짐과 상처로 힘들어할 때마다 언제든 달려가 피할 수 있는 피난처 말입니다. 만약 우리가 그들의 고통에 귀 기울이거나 도움을 주지 않고 외면해 버린다면, 우리 아이들은 나중에 더 어렵고 위중한 일을 만날 때 자신이 환영받는 존재라는 확신을 가지기가 쉽지 않을 것입니다.

반대로, 긍휼히 여기지 않는 사람은 언제나 이기적이고 무정한 사람입니다. 남의 아픔에 공감하지 못하는 냉담한 사람이라 할 수 있습니다. 긍휼의 마음을 확인할 수 없을 때 노동자들은 파업을 하러 거리로 나서고, 십 대들은 반항하며, 아내는 남편을 떠나고, 시민들은 독재자를 타도하려 합니다.

긍휼히 여기는 마음은 쉽게 생기거나 저절로 생기지 않습니다. 편안하거나 수월하지도 않습니다. 하지만 사랑은 자녀들의 짐을 진지하게 생각하지 않는다는 어떠한 의심도 그들의 마음에 남기기를 원하지 않습니다. 자녀들은 부모를 돌봄을 받을 수 없는 황량한 사막이 아니라, 배려와 관심을 받을 수 있는 오아시스라고 생각해야 합니다. 그러나 이렇게 되기 위해서는 언제든지 자녀에게 손을 내밀고 그들을 이해해 주려는 마음이 있어야 합니다. 우리 아이들이 감수성이 높은 시기에 조언이나 위로가 필요할 때는 가장 먼저 부모에게 달려가야 한다고 배운다면 얼마나 좋겠습니까?

언제나 그렇지만, 긍휼의 따스한 자비를 비롯해 사랑의 가장 위대한 속성의 모범이 되어 주시는 분은 예수님입니다. 놀랍게도 그분은 어떤 사람들에게 긍휼을 베풀어야 하는지 본을 보여 주셨습니다.

- 곤비하고 고생하며 지친 자들(마 9:36)
- 목자 없는 양처럼 무지한 자들(막 6:34)
- 짓눌리고 무력하며 자력조달이 안 되는 자들(막 8:1-3)

- 큰 빚을 진 자들(마 18:27)
- 사랑하는 이를 잃고 슬퍼하는 자들(눅 7:12-14)
- 애통하며 회개하는 죄인(눅 15:20-21)
- 학대당하고 궁핍한 자들(눅 10:31-35)

예수님은 "그들을 불쌍히 여기셨고", 사람들이 느끼는 슬픔과 마음의 괴로움을 직접 체휼하셨습니다. 그래서 그들의 짐을 가볍게 해주시기 위해 구체적으로 행동하셨습니다. 실제로 예수님이 이런 일곱 부류의 사람들을 긍휼하게 여기신 데서 우리는 구원의 온전한 그림을 볼 수 있습니다. 우리가 죄로 인해 지쳐 곤비하고 영적으로 그에게 빚을 지고 있을 때, 그 무거운 짐을 벗어버릴 방법을 알지 못하고 하나님과 영원을 맞을 준비가 전혀 되어 있지 않을 때 그가 우리에게 찾아오셨기 때문입니다. 그는 우리의 악함을 보시고 슬퍼하시며 고통스럽게 생각하셨지만, 사랑으로 자기를 희생하심으로 우리에게 필요한 용서를 베풀어 주셨습니다(롬 5:8).

예수님은 이렇게 말씀하셨습니다. "수고하고 무거운 짐 진 자들아 다 내게로 오라 내가 너희를 쉬게 하리라 나는 마음이 온유하고 겸손하니 나의 멍에를 메고 내게 배우라 그리하면 너희 마음이 쉼을 얻으리니 이는 내 멍에는 쉽고 내 짐은 가벼움이라"(마 11:28-30). 위기 가운데 마음으로 그분의 도우심을 구할 때 그분은 우리를 만나 주십니다. 그분은 신실하셔서 우리의 연약함을 공감하시며(히 4:15-16) 우리 기도에 귀 기울여 응답하십니다.

마찬가지로 우리가 자녀들을 진심으로 위로하고 그들과 마음을 나눌 때, 자녀들은 부모에게 친밀함을 느끼고 마음을 열어 부모에게 다가올 것입니다. 영적인 의심과 의문으로 혼자 괴로워하며 씨름하지 않고, 그동안 있었던 일을 부모가 알까 전전긍긍하지 않으며, 신체의 변화에 대해 혼자 고민하거나 또래들의 말에 불안감을 느끼며 혼자 힘들어하기보다, 그들의 고민과 염려를 들어줄 부모의 마음과 안방 문은 언제든지 활짝 열려 있을 것이라고 생각할 것입니다.

물론 징징거리는 자기 연민은 집어치우고 철이 들라고 따끔하게 말해 주어야 할 중요한 순간들도 있을 것입니다. 인생은 공평하지 않고 사람들이 잔인하게 굴 수 있음을 알아야 한다고 알려 주어야 하는 순간들도 있을 것입니다. 잘못을 회개하고 하나님과 관계를 회복해야 한다고 단호히 지적해야 할 순간들도 있을 것입니다. 하지만 이런 식의 가르침과 징계는 그들을 정말 염려하고 있으며, 사랑으로 그들의 슬픔을 함께 느끼고, 그들의 짐을 짊어지려 한다는 확신을 줄 수 있을 정도의 따뜻한 연민과 긍휼의 시간들이 충분히 뒷받침된 채 이루어져야 합니다(갈 6:1-2).

예수님처럼 우리도 따스하고 부드러운 손길을 내밀어야 합니다. 그들의 목을 조르기보다 두 팔로 안아 주어야 합니다. 흙탕물에 버려두지 않고 발 벗고 나서서 구해 주어야 할 때가 언제인지 알아야 합니다. 위로가 주는 아름다운 치유의 힘이 여기에 있습니다.

자녀들을 위로하고, 마음을 함께하며, 무거운 짐을 덜어 줄 수 있는 기회를 찾아보십시오. 최근에 털어놓았던 고민에 대해 기도가 필요한지 물어보십시오.

☐ 오늘의 수업을 완수했으면 여기에 표시하십시오

- 긍휼한 마음으로 자녀의 어려움을 함께 나눌 기회가 있었습니까?
- 그 결과는 어떠했습니까?

주의 긍휼히 여기심이 내게 임하사 내가 살게 하소서. (시 119:77)

Day 15

사랑은 하나님이 주시는 것입니다

우리가 서로 사랑하자 사랑은 하나님께 속한 것이니.
요일 4:7

자녀를 향한 부모의 사랑은 인간의 모든 감정 중에서 가장 강력한 감정에 속합니다. 갓 태어난 신생아를 품에 안을 때, 홈런을 친 아들이 무사히 홈으로 들어오도록 소리 질러 응원을 보낼 때, 결혼식장에서 딸을 신랑에게 넘겨 줄 때 부모로서 우리가 누리는 사랑은 아름답고 황홀합니다.

헬라어 '스토르게'(storge)는 이런 가족 간의 사랑을 뜻하는 말로, 혈육에게 느끼는, 특별히 자녀들에게 느끼는 본능적 사랑을 가리키는 단어입니다. 연인들의 낭만적이고 육체적 사랑을 가리키는 '에로스'라는 단어나, 형제간의 우애, 혹은 가까운 친구들에게 느끼는 사랑을 뜻하는 '필레오'라는 단어를 알고 있을지 모르겠습니다. 그러나 스토르게나 에로스나 필레오는 모두 어느 정도 한계가 있습니다. 그것들은 인간의 능력에 제약을 받고 감정에 큰 영향을 받으므로 환경에 따라 변할 수 있습니다. 아무리 이기적이고 악한 사람이라 하더라도 순간적으로 감정이 고조되어 배우자와 자녀 혹은 친구들에게 이런 형태의 사랑을 느낄 수 있습니다.

그러나 이 모든 사랑보다 더 강렬한 사랑이 있습니다. 그 어떤 사랑보다 진실하고 순수하며 위대한 사랑이 있습니다. 이타적이며 자기보다 남을 중요하게 생각하는 사랑입니다. 모든 것을 참으며 모든 것을 믿으며 모든 것을 바라며 모든 것을 견디기 때문에 누구도 막을 수 없는 사랑입니다(고전 13:7).

헬라어 '아가페'는 하나님이 우리에게 일생에 걸쳐 실천하도록 명하신 사랑을 가리키는 단어입니다. 아가페는 감정이나 환경, 사랑받는 사람의 행실을 근거로 하지 않으므로 특별합니다. 하나님은 이 놀라운 사랑을 자녀 된 우리에게 베풀어 주십니다. 그리고 우리 역시 우리의 자녀들을 이렇게 사랑할 수 있습니다. 실제로 이 책에서 시종일관 강조하는 사랑이 바로 이 아가페 사랑입니다.

부모의 사랑은 우리의 인간적인 능력에 제약을 받을 수 있고 우리의 죄성으로 인해 변질될 수 있습니다. 따라서 아가페 사랑으로 자녀들을 조건 없이 사랑할 수 있는 열쇠는 더 열심히 노력하는 데 있지 않고, 순수하고 완전한 근원과 연결되는 데 있습니다. "사랑하는 자들아 우리가 서로 사랑하자(아가페 사랑을 하자). 사랑(아가페 사랑)은 하나님께 속한 것이니"(요일 4:7).

우리를 향한 하나님의 무조건적 사랑이 도도히 흐르는 거대한 강물이라면, 부모인 우리의 사랑은 작은 웅덩이에 지나지 않습니다. 그러나 우리가 그분과 그분의 영원히 마르지 않는 사랑의 수원에 잇닿게 되면, 자녀들을 향한 우리의 사랑은 사실상 하나님의 사랑이 될 수 있습니다. 강물이 더 높은 수원에서 물을 끌어오듯, 하나님의 사랑이 우리를 통해 엄청난 힘으로 흘러갈 수 있습니다. 그분의 사랑, 그 아버지의 사랑(요일 3:1)으로 우리는 부모로서 조건 없이 희생적으로 사랑할 수 있는 능력을 발휘할 수 있습니다.

특별히 아버지에게 제대로 사랑을 받아 본 적이 없거나, 아무리 애를 써도 자녀들을 사랑하는 마음이 부족해서 염려하고 있다면 이 사랑을 생각하시기 바랍니다. 실제로 하나님이 우리에게 먼저 베푸셔서 자녀들에게 아낌없이 베풀게 하시는 사랑은 부모의 사랑과는 비교가 되지 않을 정도로 놀라운 사랑입니다. 모든 사랑의 근원이자 근본인 하나님의 사랑이 그 사랑을 뒷받침하고 있기 때문입니다.

우리는 이 진리 안에서 쉼을 누려야 합니다. 우리 아버지 하나님은 우리보다 우리 자녀들을 더 사랑하시는 분이며, 우리보다 우리 자녀들에게 더 많은 관심을 기울이시는 분입니다. 그러므로 부모 된 우리의 중요한 목표 중 하나는 그들을 향한 진정한 사랑은 하나님의 사랑이라는 것과, 그것만이 그들에게 궁극적 가치가 있다는 것을 자녀들에게 알려 주는 것입니다. 하나님은 그들을 사랑하시고, 그들을 이 세상에 단 하나밖에 없는 존재로 창조하신 분입니다. 그들이 거부당하거나 좌절하게 되더라도 하나님의 사랑은 그들을 붙들어 줄 수 있습니다. "내 부모는 나를 버렸으나 여호와는 나를 영접하시리이다"(시 27:10).

자녀들이 깜찍하게 자기 생각을 표현하거나 생기 넘치는 매력을 가지고 있어서 우리가 그들을 사랑하는 것이 아닙니다. 존경심이 부족하거나 절제력이 부족하다고 자녀들을 사랑하지 않아도 되는 것은 아닙니다. 우리가 자녀들을 사랑하는 것은 "하나님은 사랑"이시기 때문이며(요일 4:16), "그가 먼저 우리를 사랑"하셨기 때문입니다(요일 4:19).

우리는 자녀들을 '하나님의 형상으로'(창 1:27) 창조된 개인으로 바라보아야 합니다. 자녀가 갓난아기이거나 십 대이거나 성인이거나 상관이 없습니다. 그들이 인간의 죄로 오염이 되었다 하더라도(시 51:5) 하늘에 계신 아버지께서 완전한 아가페 사랑으로 그들을 사랑하기로 작정하셨다는 사실에는 변함이 없습니다(롬 5:8).

매일 새로운 도전을 실천할 때마다 우리의 시선을 새롭게 해주는 이 한 가지 진리를 늘 마음에 새겨야 합니다. 그것은 우리가 하나님의 사랑을 경험하고 대변할 신성한 기회를 다루고 있다는 사실입니다. 자녀들은 단순히 사진 찍기에 동원되는 장난감이나 우리 인생을 완벽하게 해주기 위해 존재하는 소품이 아닙니다. 우리의 자유를 방해하는 장애물이나 우리의 업적을 기리는 기념비와 같은 존재도 아닙니다. 자녀들은 우리를 기쁘게 하거나 자긍심을 줄 수도 있고, 낙담하게 하거나 실망을 줄 수도 있습니다. 그러나 우리의 자녀들은 궁극적으로 우리가 아니라 그들을 우리에게 주신

분의 자녀이며, 하나님은 그들을 사랑하십니다.

하나님은 우리보다 우리 자녀들을 더 사랑하십니다. 그분의 사랑이 우리 안에 흘러들고 우리를 통해 그 사랑이 그들에게 흘러간다면 지금보다 자녀들을 더 사랑할 수 있습니다. 이런 일은 믿음으로 일어납니다. 하나님의 놀라운 사랑의 표현인 그분의 아들을 의지할 때 이 일이 가능해집니다(요 15:13). 매일 그분과 동행하며 이렇게 기도할 때 이 일이 이루어질 수 있습니다. "하늘에 계신 아버지, 저를 향한 당신의 완전하고 무조건적인 사랑을 받아들입니다. 저를 통해 자녀들을 향한 당신의 사랑이 흘러가게 해주소서. 저를 당신의 완전한 사랑의 통로로 사용해 주소서."

우리가 자녀들을 양육하는 이유는 무엇입니까? 하나님이 그들을 사랑하시고 우리에게 공동 양육권을 맡기셨기 때문입니다. 우리와 자녀들의 관계가 궁극적으로 나타내고자 하는 것은 무엇입니까? 우리와 자녀와의 관계는 예수님을 향한 하나님의 사랑과 우리를 향한 그분의 사랑의 생생한 그림이라 할 수 있습니다. 우리가 자녀들의 가치를 결정하는 기준은 무엇입니까? 그들을 향한 하나님의 놀라운 사랑이 기준입니다. 자녀들을 기르는 우리의 목표는 무엇이 되어야 합니까? 자녀들을 사랑함으로 하나님을 사랑하고 하나님께 영광을 돌리는 것이 목표가 되어야 합니다.

우리는 하나님이 그들을 사랑하시는 것처럼, 또한 하나님이 우리를 사랑하시는 것처럼 자녀들을 사랑함으로 그분에게 영광을 돌려 드려야 합니다.

기회가 된다면 오늘 자녀들에게 "하나님은 사랑"이시라는 것과(요일 4:16) 하나님이 그들을 얼마나 사랑하시는지 알려 주십시오. 그들이 사랑이 많으신 하늘 아버지를 언제든지 부를 수 있음을 알게 해달라고 함께 기도하십시오. 우리를 향한 하나님의 사랑을 받아들이고 자녀들에게 그 사랑을 전하는 통로가 되도록 자신을 위해 기도하십시오.(요 15:9).

☐ 오늘의 수업을 완수했으면 여기에 표시하십시오

- 자녀들과 사랑에 대해 대화하고 기도한 결과는 무엇입니까?
- 하나님이 그분의 사랑과 자녀들을 사랑하는 방법에 대해 새롭게 밝혀 주신 교훈이 있습니까?

주는 나의 아버지시요 나의 하나님이시요 나의 구원의 바위시라 하리로다. (시 89:26)

Day 16

사랑은 하나님을 경외합니다

여호와를 경외하는 것이 지식의 근본이거늘
잠 1:7

우리는 자녀들에게 자동차나 독뱀을 피하라고 경고하고, 수저를 전기 콘센트에 갖다 대지 말라고 주의를 줍니다. 그러나 자녀들을 보호해 줄 뿐 아니라 실제로 그들의 인생에 축복이 되고 영광이 되는 두려움이 있습니다. 바로 하나님을 경외하는 두려움입니다.

자녀에게 하나님을 두려워하도록 가르침으로 그들이 장수하며 행복을 누리게 할 의무가 부모에게 있다는 것(신 6:1-13)을 알고 있습니까? 하나님에 대한 건강한 두려움은 자녀들이 더 지혜롭게 사고하고, 품위 있게 말하며, 하나님을 기쁘시게 해드리는 삶을 살게 하는 기본적인 열쇠가 됩니다. 우리는 "너희 자녀들아 와서 내 말을 들으라 내가 여호와를 경외하는 법을 너희에게 가르치리로다"(시 34:11)라고 말한 다윗의 요청을 따라야 합니다. 여호와를 경외한다는 말은 전능하시며 온전히 거룩하신 분을 깊이 공경한다는 뜻입니다. 그것은 하나님을 피해 달아나야 할 이유가 아니라, 오히려 더욱더 그분에게 달려가 그 앞에 무릎 꿇어야 할 이유가 됩니다. 그분은 지극히 거룩하시고 전능하신 분이므로 그분을 경외할 때 부모 된 우리와 자녀 모두는 그분의 계명과 율례를 진심으로 준행하고 따라야 함을 알게 됩니다.

하나님은 오래 참으시며 긍휼이 많으신 사랑의 하나님이시지만, 또한 거룩하시고 전능하시며 의로우신 분이기도 합니다. 그분은 결코 업신여김을 받지도 않으시며 무시당하지도 않으십니다. 그런 자들은 반드시 대가를 치를 것입니다(갈 6:7). 그분은 하늘과 땅을 그의 발아래 두시고 지존자로 통치하십니다(마 28:18; 고전 15:27). 그분은 '소멸하는 불'이므로 경건함과 두려움으로 섬겨야 한다고 성경은 말합니다(히 12:29). 여호와를 경외하면 우리가 그분의 절대적 통치를 받는 우주에 살고 있음을 깨닫고 지혜를 얻게 됩니다(마 28:18; 시 103:19).

첫째, 하나님을 경외하는 마음은 하나님의 **임재**를 깨달음으로 생깁니다. 하나님을 피해 달아나거나 숨을 곳은 없습니다(시 139:1-12). 그분은 우리의 모든 생각과 소망과 동기를 다 아십니다. 그분의 성결한 눈은 우리의 일거수일투족을 다 보고 계십니다.

둘째, 하나님을 경외하면 그분의 무한한 **능력**을 깨닫게 됩니다. 전능하신 하나님은 우리 인생을 붙들고 계시며 우리의 영원한 운명을 손에 쥐고 계십니다. 예수님은 "몸은 죽여도 영혼은 능히 죽이지 못하는 자들을 두려워하지 말고 오직 몸과 영혼을 능히 지옥에 멸하실 수 있는 이를 두려워하라"(마 10:28)라고 말씀하셨습니다. 하나님이 자비로우신 분이며 우리를 구원하실 수 있는 분이라고 해서 그분을 경외하는 마음까지 약화되어서는 안 됩니다. 그분은 마음씨 좋은 할아버지처럼 우리 죄를 잊는 분이 아닙니다. 그분의 무서운 권능은 오직 그분의 자비와 사랑의 힘으로만 가릴 수 있습니다.

셋째, 여호와를 경외하면 그 어떤 만물보다 높고 위대하시며 구별되신 분으로서의 하나님의 **거룩하심**을 온전히 인정하고 찬양하게 됩니다. 그분은 모든 일에 완전하신 분입니다. 그분에게 나아가려는 것은 마치 태양에 접근하려고 하는 것과 같습니다. 그분을 이해하려는 것은 바다를 삼키려고 하는 것처럼 헛된 일입니다.

아버지와 그 자녀들이 여호와를 경외하는 법을 배울 때 그들은 악과 교만과 패역을 미워하고(잠 8:13) 사망의 그물에서 벗어나기 시작합니다(잠 14:27). 하나님을 경외하는 마음이 있을 때 어린 소녀는 거짓말을 그만두고, 십 대 소년은 음란 행위를 그만둘 수 있습니다. 거룩하신 하나님이 그들을 보고 계신다는 사실을 깨달았기 때문입니다.

성경은 하나님을 무시하거나 경홀히 여기는 자들에게 엄중히 경고합니다. 그분이 별들의 수효를 세시고 지혜가 무궁하심에도(시 147:4-5) 어떤 사람들은 어리석게도 그분을 무시하거나 이길 수 있다고 생각합니다. 만약 세상 사람들이 하나님을 두려워한다면 절도와 살인, 증오, 상처 주기를 그만두고 겸손한 마음으로 그분을 공경하며 서로를 존중하기 시작할 것입니다.

우리가 자녀들을 축복할 때 소홀히 여기기 쉬운 방법이 있습니다. 바로 인격적으로 겸손하게 하나님을 섬기며 경외함으로 자녀들을 축복하는 방법입니다. 단순히 교회 예배에 출석하는 것을 말하는 것이 아닙니다. 그것은 모든 일에 하나님께 순종하고 경외함으로 하나님을 진심으로 사랑해야 한다는 뜻입니다. 우리는 그분을 온전히 공경해야 하며 하나님이 원치 않는 모습을 철저히 거부해야 합니다.

성경은 "여호와를 경외하며 그의 계명을 크게 즐거워하는 자는 복이 있도다 그의 후손이 땅에서 강성함이여 정직한 자들의 후손에게 복이 있으리로다"(시 112:1-2)라고 말합니다. 다윗은 "주를 두려워하는 자를 위하여 쌓아 두신 은혜 곧 주께 피하는 자를 위하여 인생 앞에 베푸신 은혜가 어찌 그리 큰지요"(시 31:19)라고 말했습니다.

여호와를 경외하는 것은 '생명의 샘'이며, 여호와를 경외하면 모든 다른 두려움이 사라집니다(잠 14:26-27). 죄를 짓지 않도록 지켜 줄 뿐 아니라 축복의 수문을 열어 줍니다. 지혜와 명철과 재물과 명예와 결실을 가져다줍니다. 하나님의 임재와 채워 주심을 누리게 합니다.

그러므로 여호와를 경외하게 해달라는 기도는 우리가 간절히 구해야 할 가장 중요한 기도일 뿐 아니라, 자녀들의 마음속에 생기도록 구해야 할 가장 중요한 기도 제목일지도 모릅니다. 하나님을 경외하는 법을 배울수록, 자녀들은 더욱 생명을 존중하고 부모를 공경하게 될 것입니다. 하나님의 위대하심과 하나님을 경외하고 찬양해야 할 필요에 대해 이야기를 나누면 나눌수록 그들은 하나님의 권능에 내재된 인애와 사랑을 깨닫게 될 것입니다. 이렇게 할 때 자녀들은 넉넉히 하나님의 인도하심과 돌보심을 받을 수 있을 것입니다.

하나님은 두려워할 수밖에 없는 분이지만 또한 친밀하신 분이기도 합니다. 전능하시지만 또한 자비하신 분입니다. 하나님을 섬기는 일은 짐이 아니라 신성한 특권입니다. 하나님을 경외할수록 자녀들은 그분을 더 깊이 알고, 겸허히 사랑하며, 그분의 위대하심에 마음을 집중하며 마음에 깨달음을 얻게 될 것입니다.

그분을 부정하면 눈물과 후회의 세월이 시작될 뿐입니다. 그러나 하나님을 경외하면 가장 놀랍고 풍성한 삶이 시작됩니다.

자녀에게 시편 139편을 함께 읽자고 요청해 보십시오. 그런 다음 하나님의 거처와 우리 각자에 대해 하나님이 무엇을 알고 계시는지 물어보십시오. 하나님이 그들을 어떻게 창조하셨고 얼마나 사랑하시는지 알려 주고, 그분이 항상 그들을 보고 계시며 언젠가 행한 대로 심판하실 것이라는 사실을 설명해 주십시오. 시편 139편 23-24절로 함께 기도하며 마무리하십시오.

☐ 오늘의 수업을 완수했으면 여기에 표시하십시오

- 자녀들은 이 진리를 어떻게 받아들였습니까?
- 오늘 본문을 읽고 어떻게 말했습니까?
- 이 성경 말씀은 그들의 생각과 부모의 자녀 양육 방식에 어떤 변화를 일으킬 수 있습니까?

높은 사람이나 낮은 사람을 막론하고
여호와를 경외하는 자들에게 복을 주시리로다. (시 115:13)

Day 17

사랑은 하나님의 축복을 구합니다

그가 영원토록 지극한 복을 받게 하시며
주 앞에서 기쁘고 즐겁게 하시나이다.

시 21:6

부모는 자녀들이 건강하고 행복하게 자라기를 바랍니다. 안전하게 사랑과 축복 가운데 자라기를 바랍니다. 하지만 그것은 실제로 어떤 의미일까요? 어린아이나 십 대 청소년이나 청년들에게 있어서 축복은 무엇일까요? 축복이라는 단어는 실제로 호의를 얻고, 결실을 맺으며, 성취한다는 의미가 포함되어 있습니다. 성공을 하며 만족함을 얻는다는 의미가 있습니다. 기뻐하고 즐거워할 이유가 넘쳐난다는 뜻이 있습니다.

당연히 우리는 자녀들이 축복을 받기를 원합니다. 건강하고 지혜로우며 유능하고 즐겁게 살기를 원합니다. 멋진 우정과 건강한 결혼 생활의 복을 받기를 원합니다. 그러나 하나님은 어떤 사람에게 복을 주실까요? 우리 자녀들은 어떻게 해야 그 복을 누릴 수 있을까요?

먼저, 부모가 하나님을 인격적으로 신뢰하고 친밀한 관계를 누릴 때 하나님이 그 자녀들에게 큰 복을 내리신다는 사실을 알고 있습니까? 성경은 "여호와를 경외하며 그의 길을 걷는 자마다 복이 있도다"(시 128:1)라고 말하며, 그러한 자의 자식들은 감람나무처럼 건강하게 결실을 맺게 될 것이라고 약속합니다(시 128:3). 하나님은 아브라함의 위대한 믿음을 보고 그의 후손들을 축복해 주었다고 말씀하셨습니다(창 17:6-8). 그리고 후에는 약속의 땅 접경 지역에서 자기 백성들에게 이렇게 말씀하셨습니다. "내가 생명과 사망과 복과 저주를 네 앞에 두었은즉 너와 네 자손이 살기 위하여 생명을 택하고 네 하나님 여호와를 사랑하고 그의 말씀을 청종하며 또 그를 의지하라"(신 30:19-20).

그러므로 신실하게 믿음으로 행하면, 즉 하나님을 사랑하고 두려워하며 순종하면, 그분이 우리와 우리 자녀들까지 축복해 주실 것이라고 성경은 우리에게 말씀합니다.

이 외에 예수님 역시 환경과 형편에 상관없이 복을 받고 더없는 성취를 누리기 위해 우리가 개발해야 할 이타적이고 신실한 태도 몇 가지를 알려 주셨습니다(마 5:3-12). 이 '팔복'은 저절로 주어지는 것이 아닙니다. 가정에서 자녀들에게 이런 자질들을 가르치고, 본을 보여 주며, 강조하는 시기가 빠를수록 자녀들은 이 자질들을 기를 수 있는 기회를 훨씬 더 많이 갖게 됩니다. 예수님은 이렇게 말씀하셨습니다.

"심령이 가난한 자는 복이 있나니." '심령이 가난하다'는 것은 매순간 우리 자신의 힘과 지혜가 아니라 하나님의 힘과 지혜와 성령을 의지하는 것을 말합니다. 용서와 구원이 우리 내면에서 생기는 것이 아니라 하나님이 주시는 것임을 인정하는 것입니다. 정답이나 능력이 우리에게 있지 않기에, 오직 하나님의 도우심으로 매일 사랑을 베풀고 선을 행할 수 있음을 알고 더욱 기도하는 것입니다. 어린아이들은 스스로 불가능이 없다고 생각하지만, 사실 그들은 매일 하나님의 인도하심과 보호하심이 필요합니다. 부모는 가정을 기도의 장소로 만들고 우리의 필요를 겸손히 인정하며 하나님의 강력한 능력의 은혜를 구하도록 서로를 독려해야 합니다.

"애통하는 자는 복이 있나니." 하나님은 그분이 슬퍼하시는 일에 같이 슬퍼하며 애통하는 자들을 위로하고 축복해 주겠다고 약속하셨습니다. 아이의 삶은 마땅히 즐거움과 기쁨이 풍성해야 하지만, 안타깝게도 매사에 다 즐겁고 기쁜 일만 있는 것은 아닙니다. 폭력과 학대, 가까운 친구로 인한 고통, 사랑하는 이들과의 이별처럼 인생에는 슬픔과 고통이 끊이지 않습니다. 사랑은 죄를 보고 즐거워하지 않습니다. 마음 아파하고 애통해합니다(겔 9:4). 가난한 자의 곤궁함을 보고 슬퍼하며, 국가적 재난과 죽음과 참사에 비통한 심정으로 눈물을 흘립니다. 인생이 추하고 고통스러울 수 있음을 보며, 아이들은 진정으로 하나님과 다른 이웃들을 사랑한다면 때로 눈물을 흘려야 함을 배웁니다. 사랑은 기쁨의 표현과 눈물의 분별력이 조화를 이루는 것입니다.

"온유한 자는 복이 있나니." 사랑은 다른 사람들을 깔보거나 스스로 자만하지 않고, 마음에 요동이 없으며, 거역하지 않습니다. 겸허히 자신을 낮추며 모든 사람을 나와 동등하거나 더 귀하게 생각합니다. 어린아이들에게 이것은 장난감을 함께 사용하고 차례를 잘 지키는 것, 혼자 관심을 독차지하려 하거나 제멋대로 굴어 파티를 망치지 않는 것을 말합니다. 초등학교 고학년이라면 공을 혼자 차지하지 않는 것, 자신의 공로가 인정받지 못했다는 이유로 토라지지 않고 다른 사람들을 응원하며 팀 정신을 잘 살리는 것을 말할 수도 있습니다. 여기서 성경이 사용한 단어는 '온유하다'(meek)입니다. 온유하다는 것은 약하다는 뜻이 아니라 '힘을 자제한다'는 뜻입니다. 남들을 힘으로 압도하거나, 더 돋보이려 하거나, 방해하지 않는다는 뜻입니다. 우쭐대지 않고 남들이 위축되지 않도록 주의한다는 뜻입니다.

"의에 주리고 목마른 자는 복이 있나니." 우리는 바르게 살아가고 하나님과 사람들과 올바른 관계를 유지하고자 소망해야 합니다. 이것에 '주려야' 합니다. 아이들은 대부분 좋아하는 음식을 갈망한다는 것이 무엇인지 알고 있습니다. 하지만 부모 된 우리는 친밀하게 하나님을 알고 하나님의 뜻대로 살고자 갈망할 때 이 세상의 어떤 것으로도 얻을 수 없는 만족을 누릴 수 있음을 자녀들이 알도록 매순간 가르쳐야 합니다(시 16:11; 37:4; 63:5).

"긍휼히 여기는 자는 복이 있나니." 다른 사람들을 용서하고, 어려움에 처한 자들을 긍휼히 여기며, 종의 마음으로 언제든지 남을 돕고자 하는 사람들을 말합니다. **"마음이 청결한 자는 복이 있나니."** 상황과 환경에 따라 본심이 달라지지 않고, 한결같은 마음으로 행동하며, 죄를 짓더라도 기꺼이 회개하는 사람을 말합니다. **"화평하게 하는 자는 복이 있나니."** 사람들의 반목과 불화를 해결하는 데 적극적이며, 사람들이 서로 혹은 하나님과 더불어 평화를 누리도록 돕는 자를 말합니다.

마지막으로, 고결한 인격과 그리스도를 믿는 믿음을 지키며 타협하지 않고 원리를 고수함으로 핍박받는 자들에 대해 예수님은 **"의를 위하여 박해를 받은 자는 복이 있나니"** 라고 말씀하셨습니다. 자녀들은 세상이 알아주든지, 알아주지 않든지, 하나님의 인정하심을 받을 때 기뻐하는 법을 배워야 합니다. 우리는 세상과의 타협이 자녀를 어디로 데려갈지 알고 있습니다. 그 길은 하나님의 풍성한 축복을 평생 누리는 삶은 결코 아닙니다.

사랑은 자녀들이 건강하고 행복하며 무슨 일을 하든지 형통하기를 원합니다. 그 모습을 꿈꾸고 그렇게 되도록 애쓰고 노력합니다. 사랑이 그에 이를 수 있는 증명된 길, 즉 하나님의 '팔복'의 약속을 선택하는 이유가 여기에 있습니다. 가정에서 이 일을 시작하시기 바랍니다.

자신의 생활 방식이 하나님의 축복이 가정에 임하도록 하는 데 도움이 되는지, 아니면 오히려 하나님의 축복을 가로막는지 스스로에게 물어보십시오. 어떤 변화가 필요하겠습니까? 다음으로, 오늘 소개한 덕목 중에 한두 개를 선택하여 식사 시간에 자녀들과 이야기를 나누어 보십시오. 그런 다음, 자녀들과 당신의 마음에 이런 덕목들을 가꿀 간절한 갈망을 주시도록 함께 기도하십시오.

☐ 오늘의 수업을 완수했으면 여기에 표시하십시오

- 오늘의 수업을 읽으면서 가족과 관련하여 떠오른 것이 있었습니까?
- 어떤 덕목들을 선택했고 그 이유는 무엇입니까?
- 대화를 통해 깨달은 교훈은 무엇입니까?

여호와께서 주시는 복은 사람을 부하게 하고
근심을 겸하여 주지 아니하시느니라. (잠 10:22)

Day 18

사랑은 본을 보여 줍니다

모든 사람은 결혼을 귀히 여기고.
히 13:4

성경은 하나님의 도우심을 구하던 사람들이 지혜롭지만 예상치 못한 응답을 받은 사례들을 많이 소개하고 있습니다. 군대 장관인 나아만은 엘리사 선지자에게서 나병을 낫기를 원한다면 요단강으로 가서 씻으라는 말을 듣고 화를 내었습니다(왕하 5:10-12). 부자인 젊은 관원은 "네게 있는 것을 다 팔아 가난한 자들에게 나눠 주라 … 그리고 와서 나를 따르라"(눅 18:22)라는 예수님의 말씀을 들은 후 근심하며 예수님을 떠나갔습니다.

하나님은 우리가 우리의 상황을 해결하시는 하나님의 방식을 다 이해하거나 좋아하지 않을 것을 아십니다. 그러므로 자녀들을 더 사랑하고 싶은 마음으로 그분의 도우심을 구할 때, 그분이 가장 중요한 사항이라며 예상치 못한 요청을 하신다 해도 놀라지 마십시오. 그것은 바로 자녀뿐 아니라 배우자 역시 더 사랑하고 존중하라는 것입니다.

자녀들은 부모의 관계라는 기초를 토대로 성장하고 자랍니다. 당신이 배우자를 더 진심으로 사랑하고 존중할수록 자녀들은 더 안정감을 누리며 사랑받는다고 생각합니다. 사랑은 단순히 들어주고 가르쳐 주는 것이 아니라, 보여 주고 세워 주는 것입니다.

결혼 생활은 이기적인 또 다른 죄인을 조건 없이 사랑하는 법을 가르쳐 주기 위해 하나님이 중요하게 사용하시는 방법 중 하나입니다. 결혼 생활은 자녀들이 이상적으로 성장할 수 있는 최고의 환경이라 할 수 있습니다. 그러나 사랑이 뒷받침되지 않은 모든 낭만적인 관계는 변질되고 망가지기 쉽습니다. 다툼과 원망이 매일 밤 지는 석양처럼 빈번해질 수 있습니다. 이런 일이 벌어질 때 우리 자녀들은 무슨 생각을 하며 무엇을 배우겠습니까? 불안감, 염려, 분노의 감정에 시달리게 될 것입니다. 부모가 끊임없이 다투고 싸울 때 자녀들은 사랑의 의미를 어떻게 해석하고 이해하겠습니까? 이런 역기능적 관계의 바다에서는 사랑을 받아들이기가 쉽지 않을 것입니다.

우리는 배우자와 멋진 관계를 누릴 수도 있고, 그저 그런 평범한 관계일 수도 있으며, 지뢰밭처럼 무슨 일이 생길지 모르는 위태로운 관계일 수도 있지만, 그것이 자녀들의 인생에 영향을 미치는 가장 중요한 본이 된다는 사실에는 변함이 없습니다. 고통스럽게 이혼한 후에도 여전히 자녀들에게 배우자에 대해 전화로 험담을 하거나, 이혼한 남편이나 쉽게 짜증을 내는 아내에 대한 불평을 자녀들에게 털어놓을 수 있습니다. 하지만 자녀들의 귀에는 사랑한다고 속삭이면서 행동으로는 부부끼리 서로 미워하고 적대적인 모습을 보여 준다면 자녀들의 마음에 어떤 혼란이 생기겠습니까?

현재 배우자와 어떤 결혼 상태를 유지하고 있든지, 예수님은 자녀의 부모가 되는 그 배우자를 사랑하라고 명령하십니다. 그와 가까운 친구처럼 지낼 수도 있고(요 15:13), 먼 이웃처럼 지낼 수도 있으며(눅 10:25-37), 원수처럼 지낼 수도 있습니다(눅 6:27-29). 하지만 하나님의 관계학에서 사랑은 선택이 아닙니다. 사랑이 모든 관계에서 신뢰나 친밀함을 의미하지는 않지만, 사랑은 상대방의 과거가 어떠했든지 매일 오래 참음과 긍휼히 여김의 변함없는 본을 보이기를 요구합니다. 아내나 남편에게 신실하고, 따뜻하며, 협조적이고, 이해심을 갖는 것이 늘 쉬운 일은 아니지만, 그러한 행동은 자녀의 마음속에 안정감과 평안과 강인함과 자기 용납을 선사해 줄 것입니다.

물론 가정의 분위기를 혼자서 완벽하게 통제할 수는 없습니다. 가족의 화합을 위해 열심히 애를 써도 여전히 제 역할을 못하는 사람 취급을 받을 수도 있습니다. 하지만 자녀를 사랑한다면 상황을 해결하기 위해 자기 몫의 최선을 다해야 합니다. 자존심을 내려놓아야 합니다. 잘못한 일이 있으면 용서를 구해야 합니다. 귀 기울여 들어주고, 칭찬해 주며, 때론 인정하기 싫더라도 배우자(전 배우자)의 지적이 옳다는 사실을 받아들여야 합니다. 사랑으로 만들어

내는 변화는 자신에게 유익할 뿐 아니라, 온 가족과 함께하는 즐거운 식사 시간이나 서로를 따스한 미소로 환대하는 모습으로 나타납니다. 모든 문제를 다 해결할 수는 없겠지만, 가정이라는 배를 올바른 방향으로 나아가도록 하는 데 큰 힘이 될 것입니다.

아버지들이여, 이 길을 주도할 더 큰 책임이 당신에게 있습니다. 무시당한다고 느낄 때 아내에게 화풀이를 하거나, 자녀들 앞에서 아내를 무시하기가 얼마나 쉬운지 모릅니다. 그것은 어리석고 졸렬할 뿐 아니라 아내를 사랑하는 모습이 아닙니다. 자녀들은 아버지가 엄마를 무시하는 모습을 스스로에게 투영하여, 아버지가 그들 역시 사랑하지 않고 불만족스러워한다고 생각할 것입니다.

부모는 자녀들에게 건강한 관계를 보여 주는 모델이 되어야 합니다. 전 배우자나 현 배우자에 대해 부정적으로 말하거나 자녀가 부정적인 감정을 갖도록 하는 것은 사랑이 아닙니다. 우리는 태도나 말로 자녀들이 다른 부모를 무시하지 않고 존중하도록 가르쳐야 합니다. "네 부모를 공경하라"는 명령에 자녀들이 순종하도록 도와주어야 합니다.

자녀들이 보지 않을 때, 상대방을 존중하는 가운데서 서로 다른 의견에 대해 논쟁을 한다면 문제될 것이 없습니다. 하지만 자녀들이 앞에 있을 경우, 아버지와 어머니는 항상 단일 대오를 형성하며 의견의 일치를 보여 주어야 합니다. 그 과정을 통해 당신은 한창 사고가 형성되어 가는 자녀들에게 결혼 생활, 화합, 의사소통, 화해의 개념을 알려 주고 있기 때문입니다. 자녀들은 사랑의 본이든, 미움과 원망의 본이든, 자연스럽게 부모의 모습을 따라갈 것입니다. 또한 그 본을 당신의 손자와 증손자에게 물려줄 것입니다.

지금의 배우자나 전 배우자에게 어떤 상처를 입었든지, 당신은 용서로 그 상처의 뇌관을 상당 부분 무장 해제시켜 자녀들의 생각과 마음에 흘러들지 않도록 막을 수 있습니다. 또한 이전에 배우자에게 어떤 상처를 주었든지, 당신은 이제 변화하여 다시 친절의 모범이 되겠다고 결심할 수 있습니다. 생각보다 해결하는 데 시간이 걸리더라도 인내해야 합니다. 하나님의 도우심을 구하며 최선을 다해 기도하는 가운데 배우자를 더욱 존중하고 사랑하여야 합니다. 그럴 때 당신은 자녀들이 바라는 가장 놀라운 사랑의 행위 중 하나를 하게 될 것입니다.

하나님께 배우자를 더 사랑하고 존중하게 해달라고 기도하십시오. 자녀들에게 배우자에 대한 긍정적인 이야기를 들려주십시오. 자녀들이 듣는 데서 배우자를 비난하거나 폄하한 적이 있다면 용서를 구하십시오.

☐ 오늘의 수업을 완수했으면 여기에 표시하십시오

- 자녀들에게 배우자에 대한 어떤 내용을 들려주었습니까?
- 자녀들은 어떤 반응을 보였습니까?

사랑에는 거짓이 없나니. (롬 12:9)

Day 19

사랑은 보호합니다

―――― ∞∞∞ ――――

여호와께서 너를 지켜 모든 환난을 면하게 하시며
또 네 영혼을 지키시리로다.

시 121:7

솔직히 말해 세상은 점점 더 나아지는 것이 아니라 점점 더 나빠지고 있습니다. 엄마가 저녁 먹을 시간이 되었다고 부를 때까지 아이들이 오후 내내 안전하게 다닐 수 있는 곳은 더 이상 별로 없습니다. 물리적 안전을 위협하는 요소들과, 한창 형성되어 가는 그들의 믿음을 해치는 일들이 하루가 다르게 늘어나고 있습니다. 텔레비전, 비디오 게임, 인터넷으로 인해 아이들은 그 어느 때보다 더 빨리, 그리고 더 빈번하게 악에 노출되고 있습니다. 세상사 돌아가는 일이나 나쁜 사람들은 다 파악할 수 있다고 우긴다며 사람들에게 오만하다는 비난을 받더라도, 당신이 할 일은 그들의 환심을 사는 것이 아닙니다. 당신의 일은 자녀를 양육하는 것입니다. 다시 말해 자녀들의 보호자가 되어야 한다는 말입니다.

성경은 모세의 어머니가 어린 아들의 생명과 안전이 위협받는 위험한 상황에서 아들을 보호하는 모습을 보여 줍니다(출 2:2). 또한 목수 요셉이 어린 메시아를 죽이려는 왕의 마수에서 아들 예수를 보호하며 두 번이나 안전한 곳으로 피신하는 모습도 보여 줍니다(마 2:13-14, 22). 또한 솔로몬이 어리석은 친구를 삼가고(잠 13:20) 잘못된 거래(잠 6:1-5)와 음란한 여자(잠 5:1-14)를 경계하도록 아들을 훈계하는 내용도 기록하고 있습니다.

시편 기자는 "여호와의 천사가 주를 경외하는 자를 둘러 진 치고 그들을 건지시는도다"(시 34:7)라고 말합니다. 또한 하나님께서 우리의 소재에 관심을 가지시며 자신에게로 피하라고 초청하신다니(시 34:8) 이 얼마나 기쁜 일입니까? 그렇다면 우리의 자녀들 역시 부모가 그들의 안녕에 깊은 관심을 기울이고 있음을 알고 이런 위로를 누려야 하지 않겠습니까?

사랑은 모든 것을 덮어 주고 보호합니다(고전 13:7). 그들의 생각과 몸과 마음과 순수함을 보호해 줍니다. 혼란스러운 상황에 노출시키지 않고, 도덕적 혼란과 충격이 최소화되도록 지혜를 발휘합니다. 사랑은 미성숙한 판단을 하도록 방치하거나 또래의 압력에 휘둘리게 두지 않고, 어릴 때부터 안전벨트를 착용하도록 훈련시키고 인생의 예상치 못한 굴곡을 감당할 도덕적 가드레일을 설치해 줍니다. 또한 자녀들이 더 큰 자유와 책임을 다룰 준비가 될 때까지 그 경계들을 포기하지 않고 고수합니다.

사랑은 지켜 줍니다. 그들을 방어합니다. 아무리 화를 내며 반항하더라도 "안 돼"라고 말할 수 있습니다. 자녀를 올바로 양육하기 위해 기꺼이 악역을 자처합니다. 그래야 자녀들이 곤경에 빠지지 않도록 보호할 수 있을 뿐 아니라, 먼 훗날까지 그들의 자유와 기회를 보호해 줄 수 있기 때문입니다. 금요일 밤에 시내를 쏘다닐 자유를 허용하지 않는 바로 그 사랑이 자녀들의 신뢰성과 평판을 지킬 수 있도록 도와줍니다. 또한 컴퓨터를 거실에 두는 그 사랑이 끝없는 오락이나 제어되지 않는 중독에서 해방된 삶을 살도록 보호해 줍니다.

타락한 세상에 대처할 수 있다고 생각하는 아이들의 연령대를 계속해서 낮추는 문화가 당신의 자녀들을 노리고 있습니다. 끔찍한 폭력, 성에 대한 호기심, 외설적 언어, 무제한적 인터넷 사용 등이 그것입니다.

그러나 당신의 자녀들은 그들의 소유가 아닙니다. 견고한 가족의 유산을 물려줄 특권이나 책임이 없는 사람들의 환심을 사기 위해 애쓸 필요는 없습니다. 성경은 우리가 하나님으로부터 자녀들의 영혼을 지킬 책임을 부여받았음을 알려 주며, 언젠가는 이 책임을 어떻게 감당했는지 하나님께 고해야 한다고 경고합니다(히 13:17).

자녀들은 생각보다 빨리 성인이 됩니다. 그러나 부모가 영향력을 행사하여 그들을 거세게 몰아붙이는 사회적 압력들을 막아 준다면, 자녀의 마음을 얻고 그들을 성숙하게 하는 데 더 많은 시간을 투자할 수 있습니다. 자녀들의 요구를 무턱대고 들어줌으로 캄캄한 어둠 속으로 내몰아 절벽으로 떨어지게 하지 않고, 지혜롭게 새로운 환경을 단계적으로 시험해 보도록 이끌어 줄 수 있습니다.

단순히 자유를 제한하는 것이 보호가 아닙니다. 단순히 부정적인 것을 피하는 것이, 그 자리에 아무것도 오지 못하도록 막는 것이 보호가 아닙니다. 보호는 선이라는 파도로 악의 조류를 이기는 것입니다(롬 12:21). 좋은 책과 아름다운 음악, 신앙심이 깊은 친구들을 가까이하도록 이끄는 것입니다. 그들이 "거룩한 것과 속된 것의 구별을 가르치며 부정한 것과 정한 것을 분별하게" 돕는 것입니다(겔 44:23). 텔레비전을 끄고 지난번에 보았던 영화의 긍정적인 부분과 부정적인 부분에 대해 솔직하게 이야기를 나누는 것입니다. 우리는 그들이 선과 악의 차이를 구별하고 저항하는 실력을 기르도록 도움으로써, 그들이 부모의 품을 떠나더라도 언제든 착용할 수 있는 휴대용 보호복을 갖추도록 준비시킬 수 있습니다.

그러나 지금은 당신이 가정을 책임지고 있습니다. 당신은 훈육의 내용을 결정하고 앞으로 있을 전투에 대비해 자녀들을 준비시키는 가정의 코치입니다. 강하게 경고할 때와 격려하며 밖에서 배우도록 할 때가 균형을 이루도록 잘 결정해야 합니다. 내일의 싸움에서 이기도록 준비시키기 위해, 자녀들을 위해 기도하며 개발시켜야 할 다음의 세 가지 핵심 자질을 기억하십시오.

1. 옳고 그름을 분별하는 도덕적 능력(히 5:14)
2. 선을 갈망하고 악을 미워하는 힘(롬 12:9)
3. 어떤 압력에도 굴하지 않고 버틸 수 있는 용기(단 1:8-16)

부모는 이런 자질들을 전략적으로 활용하며 자녀들의 적극적인 보호자 역할을 감당해야 합니다. 당신의 사랑은 자녀들이 해를 입지 않도록 지켜줄 뿐 아니라, 그들의 마음에 자신감을 길러 주고, 성실하게 삶을 일구고 사람들에게 유익을 끼치도록 영적 근력을 강화시켜 줄 것입니다.

자녀들의 인터넷 사용 시간이나 텔레비전 시청 시간, 핸드폰 사용 여부에 관해 어떻게 적절한 경계를 설정할 것인지 배우자와 대화를 나누어 보십시오. 기도하는 가운데 자녀들이 친구들과 할 수 있는 활동의 수위를 정하는 가이드라인을 만들어 보십시오. 자녀들에게 결정한 내용을 알리기 전에, 분별력을 주시고 당신과 자녀들의 마음 가운데에 주님이 일하시도록 기도하십시오.

☐ 오늘의 수업을 완수했으면 여기에 표시하십시오

- 어떤 결정을 내렸습니까?
- 기도하는 가운데 떠오른 새로운 생각들이 있습니까?
- 자녀들은 어떤 반응을 보였습니까?

새가 날개 치며 그 새끼를 보호함같이 나 만군의 여호와가 예루살렘을 보호할 것이라. 그것을 호위하며 건지며 뛰어넘어 구원하리라 하셨느니라. (사 31:5)

Day 20

사랑은 시간이 필요합니다

그런즉 너희가 어떻게 행할지를 자세히 주의하여 지혜 없는 자같이
하지 말고 오직 지혜 있는 자같이 하여 세월을 아끼라.

엡 5:15-16

임종을 앞두고 지나온 세월을 되돌아본다고 생각해 보십시오. 가장 후회되거나, 더 열심히 했더라면 하고 아쉬워할 일은 무엇이겠습니까? 사무직으로 일해 보는 것? 집안을 더 깨끗이 쓸고 닦는 것? 텔레비전을 더 시청하지 못한 것? 아닙니다. 죽음을 앞둔 상황에서 이런 일 따위는 중요하지 않을 것입니다. 사람들은 대부분 소중한 사람들을 더 사랑하지 못한 것을 가장 후회한다고 합니다. 마음은 있었지만 결국 실천하지 못한 일들을 후회하는 것입니다.

스스로 경계하고 조심하지 않으면, 부차적이고 사소한 온갖 일들이 사랑하는 이들과 함께하는 시간을 빼앗아 버릴 수 있습니다. 연장 근무나 잦은 출장, 텔레비전 게임에 몰두하느라 사랑하는 이들과 보내는 시간을 뒤로 미룰 수 있습니다. 사업상의 이메일을 하나라도 더 보내느라, 소셜미디어에 업데이트하느라, 혹은 꼭 봐야 할 것 같은 유튜브 동영상을 보느라 이런 시간들을 소홀히 할 수 있습니다. 잠시 후 정신을 차리고 고개를 들어보면 귀중한 시간들이 이미 모두 흘러가 버려 어느새 자녀들도 곁을 떠나고 없을 것입니다.

이 모든 것을 하기에는 시간이 절대적으로 부족합니다. 무슨 일이든 시간이 걸리기 마련입니다. 언제나 모든 일을 할 수는 없기에, 우리는 해야 할 일과 하지 말아야 할 일을 지혜롭게 잘 선택해야 합니다.

당신은 현재의 수고와 희생을 감당하면 나중에 자유를 누리고 사랑하는 이들과 함께 시간을 보낼 수 있으리라고 생각할 것입니다. 이런 수고와 희생으로 마침내 자유와 여유를 누릴 수 있는 미래가 올 것이라고 생각할 것입니다. 그러나 지금 그 자유를 누리며 사랑하는 이들과 함께하면 어떻겠습니까? 우리의 미래는 확실하지 않습니다. 우리가 정말로 가지고 있는 것은 현재뿐입니다. 만약 어떤 일이 가족과 함께하는 시간을 계속해서 방해한다면, 결과적으로 그 일은 좋은 일이겠습니까? 우리는 가능한 한 최선의 것을 선택해야 합니다.

부모가 늦게 귀가하거나 바쁘다고 말할 때 보통 자녀들은 드러내놓고 불평하지 않습니다. 부모의 변명에 지치고 염증이 나서 결국 포기하기 전까지 불평을 드러내지 않고 한 번 더 기다립니다. 게다가 우리는 다 보상해 주겠다고 약속합니다. 어쩌면 다음 주말에는 그 약속을 지킬 수 있으리라 생각합니다. 그러나 그런 행동들은 사실 자기도 모르게 "우린 정말 중요한 일들로 바쁘단다. 너희는 별로 중요하지 않아. 성가시게 하지 말고 다른 사람들에게 가봐"라고 외치는 셈입니다.

물론 그런 말을 절대 일부러 하지는 않을 것입니다. 그러나 그들의 귀에는 그렇게 들릴 수 있습니다. 눈에 보이게 갑자기 자녀들을 버리거나 포기하지는 않겠지만, 보이지 않게 매일매일 조금씩 목자 없는 어린 양처럼 계속 방치하는 식으로 자녀들을 버릴 수 있습니다.

우리는 이 상황을 더 이상 내버려 두지 말고 정지 버튼을 눌러야 합니다. 사랑에는 시간이 걸리기 때문입니다. 값으로 따지기 어려운 소중한 시간이 필요합니다. 시간은 결코 기다리지도, 되돌아오지도 않습니다. 시간을 허비하는 것은 인생의 일부를 허비하는 것이고, 사랑할 또 다른 기회를 포기하는 것입니다.

성경은 부모에게 자녀와의 시간을 가장 우선시하라고 명령합니다. 그것은 우리의 가장 중요한 책무 중의 하나입니다. 신명기 6장에서 강조하는 가장 중요한 계명은, 우리의 존재를 모두 동원해 "너의 하나님을 사랑하라"는 것입니다(5절). 이 명령은 하나님의 율법 중 정점에 해당하는 명령입니다. 하지만 이어지는 두 절에서는 아침에 일어날 때나 집에 앉아 있을 때, 길을 갈 때나 밤에 잠자리에 들 때 매일 자녀들과 대화를 나누며 하나님을 사랑하도록 가르쳐야 한다고 말합니다. 이 중요한 네 차례의 시간은 우리가 우선순위를 정할 때 지침으로 삼아야 할 하나님의 처방전입니다. 부모는 우리 자녀들이 하나님의 우선순위에 따라 하루를 잘 계획하도록 도와주어야 합니다.

예수님은 친구 마리아와 마르다의 집을 방문하셨을 때 분주하고 바쁜 사람의 본질을 드러내셨습니다. 예수님과 제자들이 집에 도착했을 때 마르다는 멋들어진 한 상을 대접하기 위해 부지런히 음식을 만들어야 한다는 생각에 마음이 분주했습니다. 하지만 마리아는 태평스럽게 예수님 발아래 앉아 스승의 말씀을 한 마디라도 놓칠세라 집중하고 있었습니다.

마르다는 대화 중인 그들에게 "내 동생이 나 혼자 일하게 두는 것을 생각하지 아니하시나이까 그를 명하사 나를 도와주라 하소서"라고 말했습니다(눅 10:40). 그러나 예수님은 마르다를 배려하시며 "마르다야 마르다야 네가 많은 일로 염려하고 근심하나 몇 가지만 하든지 혹은 한 가지만이라도 족하니라 마리아는 이 좋은 편을 택하였으니 빼앗기지 아니하리라"(눅 41-42)라고 부드럽게 타이르셨습니다.

그분의 말씀은 시대를 건너 오늘날 우리의 귀에까지 속삭이고 있습니다. "부차적인 문제로 걱정하지 말고 중요한 일을 선택하라." "기회가 있을 때 사람들을 사랑하라." "꼭 하지 않아도 되는 일은 무시하라." 사랑은 언제나 이런 것입니다. 세상의 분주함에 내몰리지 않고 가족을 더 소중히 여기는 것이 (절대 빼앗길 수 없는) 좋은 편을 택하는 것입니다. 사랑은 이 일을 방해하는 모든 것에 대하여 "안 돼"라는 강력한 말을 사용하도록 도전합니다.

당연하겠지만 그렇다고 자녀들을 숭배의 대상으로 삼아서는 안 됩니다. 하나님이 가장 중요하고, 부부 관계가 그다음이며, 자녀들은 세 번째로 중요합니다. 때로는 자녀들도 기다려야 합니다. 그러나 자녀들보다 중요하지 않은 모든 일은 우리 마음 뒤편으로 밀어 두어야 하며, 하나님이 돌보도록 위탁하신 이들과 보내는 시간은 무슨 일이 있어도 반드시 확보하여 일정에 반영해야 합니다.

그러므로 우리는 사소한 일들의 폭정에 휘둘리지 말고 그에 맞서야 합니다. 가족들과 보내는 시간을 우선적으로 확보하고 그 외 부차적 문제들은 거부할 수 있어야 합니다. 일해야 할 때는 최선을 다해 일하고, 우선순위에 따라 지혜롭게 행동해야 합니다. 당신의 장례식에서 울어 주지 않을 사람들을 기쁘게 해주겠다고 안달하거나 염려하지 말기 바랍니다. 최고의 것을 위해 좋은 것을 희생함으로 매일 사랑을 베푸십시오. 해야 할 일들은 잠시 내려놓으십시오. 자녀들과 조금 더 시간을 보낸다 하더라도 그 일들은 도망가지 않고 그 자리에 있을 것입니다.

너무나 소중히 여기는 대상에 대해 우리가 해줄 수 있는 멋진 말은 많지만, 우리가 사용하는 시간은 그 어떤 말보다 가장 크고 가장 정확한 말을 들려줄 것입니다.

오늘 밤 텔레비전과 인터넷을 끄고 자녀들과 깊이 교감하는 시간을 가지십시오. 말하고 듣고 함께 기도하십시오.

☐ 오늘의 수업을 완수했으면 여기에 표시하십시오

- 구체적으로 어떤 대화를 나누었고, 가족들은 어떤 반응을 보였습니까?
- '가족과 함께하는 시간을 최대한 확보하기 위한 12가지 방법'에 대해서는 부록 268쪽을 참고하십시오.

자기의 집안 일을 보살피고. (잠 31:27)

Day 21

사랑은 공평합니다

하나님께서 외모로 사람을 취하지 아니하심이니라.
롬 2:11

편애는 거의 항상 질투와 분노와 시기심으로 이어집니다. 스스로를 보잘것없다고 느끼고, 사람들이 자신과 어울리려고 하지 않는다고 생각하는 열등감이 많은 아이는 편애하는 이를 보는 바로 그 순간, 그 사실을 알아차릴 수 있습니다.

우리는 이기적인 인간 본성으로 인해 가난한 자보다 부자를, 평범한 외모를 가진 사람보다 아름다운 사람을, 약자보다 강자를 더 좋아합니다. 그러나 사랑의 본성은 이렇지 않습니다. 그렇기 때문에 하나님은 사람을 외모로 보시지 않는다고 직접 강조하시며(롬 2:11), 우리 역시 어떤 일도 불공평하게 하지 말아야 한다고(딤전 5:21) 말씀하셨습니다.

또한 하나님은 이 원리를 성경에 나오는 놀랍고 진실한 이야기들을 통해 알려 주셨습니다. 이런 이야기들이 대부분 가정을 배경으로 하고 있다는 사실은, 자녀들에게 이런 가슴 아픈 죄를 지어서는 안 된다는 경고와 같습니다. 심지어 생각으로도 이런 죄를 지어서는 안 됩니다.

삼촌에게 속아 라헬이 아닌 레아와 결혼을 하게 된 야곱은 라헬만을 사랑했고, 이런 야곱의 행동으로 인해 두 자매는 서로 경쟁하고 상처를 주는 일을 반복하게 되었습니다(창 30:1-2). 후에 야곱은 라헬의 첫 아들 요셉을 다른 형제들보다 편애했고, 그로 인해 결국 배다른 형들이 동생을 죽이려고 한 비극적인 사태가 벌어졌습니다(창 37:18-20).

편집증 환자인 사울 왕은 왕의 후계자로 백성들의 칭송과 사랑을 받았던 젊은 청년 다윗을 시기하며 질투했고, 자신의 분을 이기지 못하여 그를 죽이기 위해 갖은 계략을 동원했습니다. 예수님의 제자들은 시기심으로 누가 가장 큰 자인가를 두고 서로 다투었습니다. 바리새인들은 무리들이 예수님의 가르치심과 병 고치심을 보려고 구름 떼처럼 모여들자, 그의 능력과 권위를 시기하여 예수님을 증오했습니다(마 27:18).

성경은 "분노는 잔인하고 진노는 범람하는 물과 같다고 하지만, 사람의 질투를 누가 당하여 낼 수 있으랴?"(잠 27:4, 새번역)라고 경고합니다. 자녀들을 제대로 사랑하기 위해서는 최소한 크게 두 가지 면에서 미묘하고도 위험한 시기심이 우리 가정에 침투하지 못하도록 경계해야 합니다.

1. 형제자매 사이의 질투심. 부모가 고의적으로 자녀들의 경쟁을 부추기지는 않겠지만, 자녀들은 부모의 모든 행동을 예의주시하고 있습니다. 심지어 그들은 부모가 의도하지 않은 일도 다 포착합니다. 형제간에 투자하는 시간이 다르다는 사실을 예리하게 인지할 수 있고, 그들을 꾸짖고 훈육할 때 일관되지 못한 점도 모두 알아차릴 수 있습니다. 자녀를 똑같이 사랑하지 않고 누군가를 더 좋아하는 모습을 보여 준다면, 그들은 바로 알아차릴 것입니다. 만약 자녀들에게 사랑을 골고루 보여 주지 않는다면, 드러내어 말하지는 않을지는 몰라도 그들의 눈빛에서 낙심한 기색과 옅어지는 존경심을 엿볼 수 있을 것입니다. 이러한 식의 잠재된 분노는 결국 공개적인 반항으로 나타날 수 있습니다.

사정에 따라, 혹은 일정이나 환경에 따라 불가피하게 한 자녀의 필요를 더 집중적으로 보살피고 관심을 가져야 할 때가 있을 것입니다. 자녀가 말썽을 피운 경우도 여기에 해당합니다. 새로운 일을 시도할 기회는 거의 항상 맏이에게 돌아갑니다. 적극적이고 책임감이 강한 자녀들은 보통 더 즉각적으로 보상을 받습니다. 당연하겠지만 자기주장이 강하고 반항적인 자녀보다는 순종적인 자녀들에게 스트레스를 덜 받고 가까이하게 됩니다.

그러나 사랑은 각각의 상황에서 자녀들의 불안정한 마음을 하나하나 세밀하게 보살피고, 각자의 강점을 격려하며, 신중하고도 지혜로운 말로 그들 안에 뿌리내리려 하는 모든 질투의 잡초를 제거해 버립니다.

그러기 위해서는 어린 자녀들이 부모의 사랑을 충분히 듣고 보고 느끼도록 해야 합니다. 자녀들은 각기 부모와 일대일로 시간을 가짐으로 부모의 사랑을 확인할 수 있어야 합니다. 그렇지 않을 경우 부모가 남기는 인상을 사실이라고 믿을 것입니다.

2. 부모 사이의 시기심. 어머니와 아버지는 은사와 성격과 역할이 각기 다르기 마련입니다. 하나님은 자녀들의 필요를 더 온전히 충족시키기 위해 우리를 각기 다르게 사용하십니다. 그러나 한 팀이라고 해도 항상 공평하지는 않습니다. 부모 중 한 사람은 더 악역을 맡을 가능성이 높습니다. 한 사람이 자녀를 더 엄하게 훈육할 수도 있고, 다른 한 사람이 더 편한 책임을 맡은 것처럼 보일 수도 있습니다. 그리고 이러한 상황이 지속되면 서로에 대해 시기심을 느끼고 분노하는 일이 생길 수도 있습니다.

그러나 사랑은 오래 참고 온유하며 이기적이지 않다는 사실을 기억해야 합니다. 상대방이 잘될 때는 위기감을 느끼기보다 축하해 주며 함께 기뻐해야 합니다. 좋은 부모가 될 수 있도록 배우자에게 좋은 자질을 주신 하나님께 적극적으로 감사를 드림으로 혹시 상대 배우자에게 가질 수 있는 시기심을 예방해야 합니다. 부부가 함께 기도를 드릴 때, 자녀들이 어엿한 개인으로 자라가도록 서로 도우며 파트너십을 누리도록 해주심에 감사하는 시간을 가지기 바랍니다. 유난히 당신을 따르는 자녀가 있다면 상대 배우자를 자주 칭찬해 줌으로 자녀가 그를 더 잘 이해하고 따르도록 도와주어야 합니다.

마지막으로, 시기심과 편애가 뿌리내릴 수 있는 가장 비옥한 토양은 혼합 가정이나 양육권이 분할된 경우입니다. 지금 당신은 이런 상황에 처해 있을지도 모르고, '질투'의 문제는 쉽게 해결할 수 없다는 것을 알고 있을지도 모릅니다. 그러나 그렇다고 이런 상황들을 외면하거나 축소할 수는 없습니다. 마음을 열고 인내해야 합니다. 방에 없는 사람을 비난하지 말고 되도록 칭찬해 주어야 합니다. 억눌려 기가 죽은 것처럼 보이는 자녀들에게는 신속하게 압도적인 사랑을 확인시켜 주어야 합니다. 묵은 상처들로 누군가를 더 편애하거나 미워하지 않도록 주의해야 합니다. 가정에 시기심이 조금도 발 디딜 틈이 없도록 해야 합니다.

부모가 자신보다 다른 사람을 더 사랑한다고 생각할 때 자녀들은 부모의 사랑을 곧이곧대로 받아들이려 하지 않을 것입니다. 그러나 진정한 사랑을 자유롭게 자주 표현한다면 시기심으로 촉발될 불을 진화하는 데 도움이 될 것입니다. 자녀들을 편애하지 않고 공평하게 사랑함으로 자녀들이 즐거운 마음으로 가정생활을 할 수 있도록 도와주기 바랍니다.

각 자녀당 하나씩 특별 상자를 마련하여 기념품, 사진, 상장, 추억들을 모아 보십시오. 자녀에게 앞으로도 특별히 기념할 것들을 계속 수집할 것이라고 알려 주십시오. 가끔 각자의 상자에 든 내용물을 함께 확인하고 그들의 인생과 성취를 얼마나 자랑스럽게 생각하는지 표현하는 기회로 삼으십시오.

☐ 오늘의 수업을 완수했으면 여기에 표시하십시오

- 공평하게 사랑을 표현하기 위해 어떤 방식을 선택했습니까?
- 이런 방식이 그들에게 어떤 의미로 다가갔다고 생각합니까?

서로 마음을 같이하며. (롬 12:16)

Day 22

사랑은 권위를 존중합니다

너를 낳은 아비에게 청종하고 네 늙은 어미를 경히 여기지 말지니라.
잠 23:22

자녀들이 권위를 존중하는 모습을 보는 것보다 더 기쁜 일은 없습니다. 선생님의 말씀을 귀담아듣고, 담당 코치들의 지시대로 충실히 따르며, 연장자들을 공손하게 대하는 자녀들의 모습은 보기만 해도 흐뭇합니다. 특히 존경과 사랑을 담은 표정으로 부모를 바라보며 순종하는 모습을 보면 저절로 입가에 미소가 떠오릅니다.

성경에는 특별히 자녀들에게 주는 중요한 계명 한 가지가 있습니다. "자녀들아 주 안에서 너희 부모에게 순종하라 이것이 옳으니라"(엡 6:1). 하나님은 부모를 공경하는 자들에게 일생의 보상을 약속해 주심으로, 단순히 그들이 행복하도록 돕는 것 그 이상을 주셨습니다. 진정 자녀를 사랑한다면, 부모는 자녀들이 이 중요한 진리를 알도록 도와주어야 합니다.

하나님은 모세가 산에서 들고 내려온 십계명 중에서 "네 아버지와 어머니를 공경하라"는 다섯 번째 계명을 특별히 강조하시며, "이로써 네가 잘되고 땅에서 장수하리라"(엡 6:3)라는 강력한 동기를 부여하셨습니다. 자녀들이 하나님이 제정하신 권위 체계의 중요성을 인정할 때 특별한 일이 일어납니다. 전반적인 안정감에 도움이 되고, 부모로부터 더 많은 신뢰와 자유, 축복을 받을 기반이 조성되며, 하나님의 축복을 받게 됩니다.

사랑이 자녀들에게 이런 모습을 절실하게 소망하는 이유도 여기에 있습니다. 그것은 단순히 우리가 더 편안히 자녀를 양육하기 위해서가 아니라, 자녀들이 하나님의 은혜를 계속 덧입으며 인생을 살아가도록 하기 위해서입니다.

반대로 자녀들의 인생에 생기는 수많은 비극은 종종 부모에 대한 반항이 원인일 때가 많습니다. 그들이 당하는 고통과 좌절과 실패에 가장 불평하는 이들이 그동안 부모가 안타까운 마음으로 타이른 조언과 책망을 거부한 이들이라는 것은 얼마나 아이러니한 일인지 모릅니다. 그러나 그들은 부모의 조언에 귀를 막았고 이제 그 대가를 치르고 있습니다.

자녀들이 받은 가정교육은 평생 그들의 삶에 영향을 미칩니다. 우리는 자녀들이 부모를 공손히 대하고, 불평 없이 순종하며, 혼자 있을 때에도 누군가 보고 있을 때와 마찬가지로 성실하고 정직하도록 가르침으로써, 자녀들이 앞으로 살아가면서 만날 모든 미래의 권위자들을 공경하고 그들의 호의를 얻도록 준비시킬 수 있습니다. 더 중요한 사실은, 이렇게 함으로써 하나님이 그분의 놀라운 계획을 그들에게 말씀하시고 계시해 주실 때 더 신속하고 즉각적으로 순종하도록 준비시킬 수 있다는 것입니다.

물론 자녀들이 매사에 다 완벽할 수는 없습니다. 부모인 우리도 그 점은 마찬가지입니다. 그러나 우리는 완전하신 하나님께서 불완전한 권위자들을 의도적으로 사용하셔서 그분의 완전한 뜻을 이루어 가신다는 사실을 자녀들이 이해하도록 도와야 합니다. 성경은 모든 권세가 하나님께로부터 온다고 말합니다. 그러나 부모이든, 정부 관리나 교회 지도자나 고용주이든, 우리의 권위자들은 우리를 보호하시고 인도하시는 하나님의 통치를 대리하도록 선택을 받았습니다(롬 13:1-4).

권위자들이 범죄에 동참하도록 강요하지 않는 이상 우리는 그들을 존중하고 그들의 지시를 이행함으로 하나님을 공경해야 합니다. 그들과 의견이 달라 어떠한 결정을 수용해 달라고 정중하게 호소할 일이 있다 하더라도, 그들에게 반발하는 마음을 가지거나 그 반항심을 즐겨서는 안 됩니다.

하나님은 권위를 매우 중요하게 생각하시며 성경을 통해 계속해서 그 사실을 강조하고 가르치셨습니다. 구약에서 부모에게 상해를 입히거나 부모를 저주한 이스라엘 백성은 살인죄로 처벌받거나 하나님을 모독한 자들과 동일한 처벌을 받았습니다(출 21:15-17).

그리스도께서 오신 후에도 하나님은 여전히 신자들에게 지도자의 자리에 있는 자들을 존중하고 따름으로 스스로를 구별하도록 가르치셨습니다. 설령 그들이 무정하고 무자비하더라도 예외는 아니었습니다. 세상은 무정한 권세자들을 조롱하고 비웃지만, 그리스도를 따르는 자들은 그들을 존중하며 세상과 다르게 처신해야 합니다. 예수님은 "또 누구든지 너로 억지로 오 리를 가게 하거든 그 사람과 십 리를 동행하고"(마 5:41)라고 말씀하셨습니다. 성경은 "사환들아 범사에 두려워함으로 주인들에게 순종하되 선하고 관용하는 자들에게만 아니라 또한 까다로운 자들에게도 그리하라"(벧전 2:18)라고 말합니다. 하나님은 우리보다 "높은 지위에 있는 모든 사람"을 위해 기도하라고 말씀하셨습니다(딤전 2:1-2).

그들을 존중하고 섬기며 예의를 지켜야 합니다. 그들을 위해 기도해야 합니다. 자신의 우월한 지위를 이용하는 자들이라 해도 마찬가지입니다. 요구하는 것 이상으로 기꺼이 주어진 의무를 감당하는 그리스도인들의 모습은 그리스도의 사랑과 능력으로 일어난 마음의 변화를 부각시켜 줍니다.

자녀들은 가정 안에서 권위 앞에 스스로를 겸허히 낮추는 지혜를 배워야 합니다. 성경은 "너희를 인도하는 자들에게 순종하고 복종하라"라고 말합니다. 그래서 그들이 주어진 책무를 "즐거움으로 … 하게 하고 근심으로 하게 하지" 말라고 말합니다(히 13:17).

이제 우리는 자녀들에게 권위를 존중하는 본을 스스로 보이고 있는지 자신을 돌아보아야 합니다. 순찰 경찰관의 경고를 무시하고 그대로 지나치지는 않았습니까? 국가 지도자들을 조롱하고 폄훼한 적은 없습니까? 상관에 대해 이러쿵저러쿵 비난한 적은 없습니까? 목회자가 완전히 수긍하기 어려운 결정을 내렸을 때는 어떻게 반응했습니까? 연로하신 부모님에게서 돌봄이 필요하다는 요청을 받았을 때는 어떤 반응을 보였습니까?

우리는 목소리와 표정만 조심할 것이 아니라 우리의 마음 상태도 돌아보아야 합니다. 누군가의 권위를 거부하기 전에, 그 사람이 우리의 지도자가 되도록 세우신 이가 하나님이심을 기억해야 합니다. 그들을 위해 기도하고 있습니까? 그들의 안녕에 관심을 기울이고 있습니까? 그들의 영혼에 관심을 기울이고 있습니까? 그들이 우리 안에서 예수의 빛을 보기를 바랍니까? 자녀들이 부모의 권위를 존중하는 축복을 누리며 살기를 바란다면, 사랑은 우리가 솔선수범해서 그 본을 보여야 한다고 요구합니다.

권위를 대하는 스스로의 자세를 살펴보십시오. 주께서 마음에 어떤 잘못된 부분을 지적해 주신다면, 그것을 고백하고 용서를 구하십시오. 권위자들을 공경함으로 하나님을 공경하는 것이 왜 중요한지 자녀와 함께 이야기해 보십시오.

☐ 오늘의 수업을 완수했으면 여기에 표시하십시오

- 하나님이 어떤 잘못을 지적해 주셨습니까?
- 당신은 어떻게 반응했습니까?

권세는 하나님으로부터 나지 않음이 없나니
모든 권세는 다 하나님께서 정하신 바라. (롬 13:1)

Day 23

사랑은 중보합니다

내 집은 만민이 기도하는 집이라 일컬음이 될 것임이라.
사 56:7

자녀들이 나이가 들어갈수록 그들의 인생은 더 예측하기가 어려워집니다. 실수하고 낙담할 일들이 더 많아지고, 나쁜 사람들이 그들의 귀에 잘못된 생각을 주입할 기회들이 더 늘어나게 됩니다. 그들이 내린 결정들이 오히려 그들의 발목을 잡을 가능성이 높아집니다. 당신이 아무리 지혜롭고 상식적이라 해도, 당신의 자녀들은 여전히 환경에 휘둘려 부모가 수습하기 어려운 사고를 칠 수도 있습니다. 부모는 자녀들을 항상 다 보호해 줄 수 없으며, 그들의 인생에서 일어나는 일을 다 통제할 수도 없습니다.

그러나 사랑은 우주적 전투 작전과 실행 계획을 마련합니다. 그것은 바로 기도라고 불리는 것입니다. 하나님은 우리보다 우리 자녀를 더 잘 이해하고 사랑하십니다. 부모는 보지 못해도 하나님은 우리 자녀들의 일거수일투족을 다 보고 계십니다. 부모는 하지 못해도 하나님은 그들과 함께 계시고 지켜 주시며 인도해 주실 수 있습니다. 그리고 그 하나님은 지금 그들과 우리의 모든 염려를 그분의 사랑의 품에 맡기라고 우리를 초청하고 계십니다.

그분의 말씀은 이렇게 말합니다.

"그에게 너희의 속마음을 털어놓아라"(시 62:8, 새번역).

"구하라 그리하면 너희에게 주실 것이요"(마 7:7)

"너희가 악한 자라도 좋은 것으로 자식에게 줄 줄 알거든 하물며 하늘에 계신 너희 아버지께서 구하는 자에게 좋은 것으로 주시지 않겠느냐"(마 7:11).

얼마나 은혜로우시고 영광스러운 하나님이신지 모릅니다. 우리는 그분의 보좌 앞으로 초청을 받았을 뿐 아니라, 기도하라는 요청을 받고 있습니다. 하나님은 무슨 일에나 언제든지 기도하라고 말씀하십니다(살전 5:16-18). 부모가 할 수 있는 일 중에 무릎을 꿇고 자녀를 위해 간절히 기도하는 것처럼 자녀들에게 선한 영향을 미칠 수 있는 놀라운 일은 없습니다.

또한 기도는 자녀들이 현재 당하는 위기에 대처할 수 있는 방편일 뿐 아니라, 자녀들의 모든 인생 영역을 꾸준히 하나님께 아뢸 수 있는 기회이기도 합니다. 우리는 우리의 입술로 그분의 귀에 속삭이며 그들을 위해, 그들과 함께, 그들 옆에서 기도해야 합니다.

하나님은 우리의 종이 아닙니다. 하지만 그분은 기도의 영향을 받아 상황을 바꾸는 것을 사랑으로 허용하시는 분입니다. 우리는 기도로 하나님이 이루고자 하시는 일을 이룰 수 있습니다. 기도는 역사하는 힘이 큽니다(약 5:16).

그러나 올바른 기도를 드리기 위한 열쇠가 있습니다. 성경은 우리의 기도가 방해를 받지 않기 위해서는 하나님을 알아야 하고(요 14:6), 하나님과의 관계(시 66:18)나 사람들과의 관계가 회복되어야 하며(막 11:22-26; 벧전 3:7), 겸손함과 믿음으로 마음이 준비되어 있어야(약 1:5-8; 4:6) 한다고 말합니다. 그러면 우리는 예수 그리스도께서 십자가에서 자신을 제물로 드려 하나님께로 나아갈 길을 열어 주심으로 인하여 은혜의 보좌 앞에 담대히 나아가 긍휼하심을 받고 때를 따라 돕는 은혜를 얻을 수 있을 것입니다(히 4:16).

기도로 우리 마음을 하나님의 마음에 맞추고, 우리 생각과 욕망을 그에 뜻에 일치하도록 내어 드릴 때 우리는 이 세상에서 우리가 줄 수 있는 그 어떤 것보다 더 좋은 것을 자녀들에게 가져다줄 수 있는 위치에 서게 됩니다(요 15:7).

기도로 우리는 자녀들의 삶과 필요에 대한 하나님의 지혜와 통찰을 얻을 수 있습니다. 사랑으로 그들을 보호해 주시고, 필요를 채워 주시며, 그들을 자라게 하시고, 축복해 주시고, 인도해 주시도록 요청할 수 있습니다. 우리는 자녀들을 위해 중보함으로써 악과 유혹에서 그들을 지켜 주시고, 건져 주시며, 강하게 해주시도록 요청할 수 있습니다. 기도로 우리는 자녀들의 꿈과 미래를 "훔치고 죽이고 파괴하려고" 하는 영적 세력(요 10:10, 새번역)과의 싸움에서 하나님과 함께할 수 있습니다(엡 6:10-19).

그러나 기도는 단순히 방어하는 차원에서 그치지 않고, 긍정적인 영향을 미치기도 합니다. 가정에서 꾸준히 기도를 드리는 것은 부모가 막연히 채근하는 것보다 훨씬 더 효과적입니다. 이런 기도는 자녀들이 눈앞의 문제를 바라보지 않고 모든 해답을 가지신 분께만 집중할 수 있도록 도우며, 하나님께 더욱 가까이 나아가도록 이끌어 줍니다. 자녀들은 부모가 하나님께 감사드리는 기도를 듣고 하나님의 신실하심을 기억할 것입니다. 또한 하나님이 우리의 기도에 응답해 주실 때 자녀들은 그분의 역사를 직접 목도하게 될 것입니다.

자녀들과 함께 기도하면, 하나님을 공경하는 그들의 마음이 자라게 될 뿐 아니라, 하나님께서 그분을 위해 사는 데 필요한 모든 것을 제공해 주실 것이라는 소망과 확신 역시 더욱 자라게 될 것입니다.

무엇을 위해 기도해야 할지 모르겠다면 지금 염려하고 걱정하는 것이 무엇인지 생각해 보기 바랍니다. 지금 염려하고 걱정하고 있다면, 아직 하나님의 능력에 완전히 맡기지 않고 스스로의 힘으로 짐을 지고 있다는 반증입니다(빌 4:6-7). "그러므로 하나님의 능하신 손 아래에서 겸손하라 때가 되면 너희를 높이시리라 너희 염려를 다 주께 맡기라 이는 그가 너희를 돌보심이라"(벧전 5:6-7).

성경을 읽다가 마음을 두드리는 구절이 있다면 잘 접어 두었다가 자녀들을 위한 기도에 꼭 포함시켜야 합니다. 아이들의 필요에 맞게 구체화시켜야 합니다. 구체적으로 기도할수록 더 구체적인 응답을 받을 수 있습니다. 원대한 소망을 품을수록 더 원대한 것을 구할 수 있습니다. 하나님의 뜰로 공을 넘기고 하나님이 어떻게 응답하시는지 지켜보십시오. 그러나 기도하지 않거나 구하지 않아서 결핍되거나 좌절되는 일은 없도록 하십시오(약 4:2).

기도는 사랑의 언어입니다. 우리는 호흡을 하는 것처럼 자연스럽게 기도해야 합니다. 자녀들을 학교에 등교시키거나 하루를 어떻게 지냈는지 묻는 것이 자연스럽고 당연한 것처럼, 자녀들의 인생에 생기는 모든 문제를 가지고 기도하는 것이 자연스럽고 당연한 반응이 되어야 합니다.

그러므로 자녀들이 지혜롭고 신중하게 행하도록 가르치되, 전능하신 손으로 자녀들의 성공과 안전을 최종적으로 책임지시는 분에게 자녀들을 맡기기 바랍니다(시 127:1-2). 기도는 당신의 사랑을 새로운 차원으로 이끌어, 당신의 마음이 전능자의 그늘 아래에서 안식을 누릴 수 있게 할 것입니다.

이 책의 마지막 부분에 나오는 기도에 관한 부록을 살펴보십시오. '자녀들을 위해 기도하는 법'(부록 272쪽)에 수록된 몇 가지 항목을 이용하여 기도의 발판으로 삼으십시오. 자녀들을 위해 하나님께 기도한 후, 지금 그들을 위해 기도하고 있는 구체적인 내용을 자녀들과 함께 나누십시오.

☐ **오늘의 수업을 완수했으면 여기에 표시하십시오**

- 자녀들을 위해 기도하도록 하나님이 구체적으로 인도하신 영역은 무엇입니까?

◇◇
그를 향하여 우리가 가진 바 담대함이 이것이니
그의 뜻대로 무엇을 구하면 들으심이라. (요일 5:14)

Day 24

사랑은 용서합니다

너희가 사람의 잘못을 용서하면
너희 하늘 아버지께서도 너희 잘못을 용서하시려니와.

마 6:14

아이들이 흙투성이 발로 마룻바닥을 더럽히거나, 형제간의 경쟁심으로 서로 다투고, 거실 가구를 온갖 용도로 사용하는 한, 부모들은 언제나 '용서'라는 기술을 연습할 기회를 수없이 갖게 될 것입니다.

그러나 사랑이 없다면 우리는 이런 기회들을 통해 우리의 목소리 용량을 과시하거나, 사생결단의 자세로 자녀를 제압하거나, 미움을 잊지 않고 차곡차곡 쌓아두는 것과 같은 반응을 보일 것입니다. 아이들에게 용서받는 것이 어떤 느낌인지 경험하게 하기보다, 사랑은 연료가 바닥나면 더 이상 작동하지 않는 유한한 감정이라는 인상을 남길 것입니다.

우리는 정의를 시행하는 데 급급할 때가 너무나 많습니다. 자녀들을 질책하며 몰아세우거나 우리 자신의 분노라는 감옥에 가두어 버립니다. 부모라면 행동에 결과가 따른다는 사실을 마땅히 자녀에게 가르쳐야 하지만, 사랑은 허다한 죄를 덮는다는 사실(벧전 4:8)을 보여 주는 것도 부모가 동일하게 힘써야 할 너무나 중요한 일입니다.

자녀들을 징계할 때 마지막으로 해야 할 일은, 잘못을 깨닫게 하고 행동을 변화시키는 것뿐만 아니라, 사랑으로 그들을 바라보며 비록 그들이 우리의 신뢰를 저버리고 규칙을 다시 어겼더라도 그들을 용서한다는 사실을 확인시켜 주고 관계를 회복하는 것입니다. 아이들이 저지른 잘못 때문에 마음이 아프고 슬프더라도 여전히 그들을 사랑하므로 자유롭게 해주어야 합니다. 벌을 면제해 준다거나 일시적인 특권을 박탈시키는 것을 취소하라는 말이 아닙니다. 마음에 남아 있는 화를 모두 털어 버리고, 자녀와의 사이에 있던 긴장을 훌훌 털어내며, 그들의 마음을 가볍고 후련하게 해주라는 것입니다. 잠시 관계가 단절되는 고통스러운 시간이 있었더라도 이제는 그 관계를 다시 회복하기 위해 적극 힘써야 합니다.

오래 참는 사랑이 바로 이런 것입니다. 사랑은 "긍휼히 여기는 자는 복이 있나니 그들이 긍휼히 여김을 받을 것임이요 … 화평하게 하는 자는 복이 있나니 그들이 하나님의 아들이라 일컬음을 받을 것임이요"(마 5:7, 9)라는 예수님의 말씀을 기억합니다. 사랑은 우리가 용서를 포기하는 순간 우리 마음이 원망과 미움으로 오염되어 자녀들과의 관계가 분노와 고립을 향해 곤두박질치기 시작한다는 사실을 알고 있습니다. 변함없는 사랑과 용서치 않음은 한 가정이나 마음 안에서 절대 공존할 수 없음을 사랑은 알고 있습니다. 사랑과 용서치 않음은 언제나 서로를 배제하고 제거하려 합니다.

사랑은 어떠한 공격에도 거뜬히 버티는 두터운 갑옷을 착용하는 법을 알고 있습니다. 또한 누군가의 죄를 긍휼히 여기는 마음으로 대면할 수 있는 지혜를 선사합니다. 모두가 대화의 자리로 나아오도록 흔쾌히 노력합니다. 또한 과거 때문에 미래의 관계가 계속 오염되도록 내버려 두기에는 우리의 인생이 너무나 짧다는 사실을 알고 있습니다.

용서하기를 거부하면 원한이 싹을 틔우고, 마음은 굳어지며, 따뜻한 사랑의 감정은 퇴색되어 완전히 증발하고 말 것입니다. 그러므로 사랑은 분노를 버리고 먼저 다가가 관계를 회복합니다. 우리는 하나님께 용서받은 자로서 우리의 자녀들을 끊임없이 용서해 주어야 합니다(엡 4:32; 마 18:22).

그러나 이것이 용서로 자녀들의 마음에 깊은 인상을 남길 유일한 방법은 아닙니다. 예를 들어 부모의 사이가 좋지 않을 때 자녀들은 한순간에 알아차립니다. 부모가 어떻게 갈등을 해결하는지 주시하며, 서로를 긍휼히 여기고 사랑하는지 지켜봅니다. 직장 동료나, 문제를 안고 있는 이웃이나, 자기 마음대로 구는 사람들에 대해 우리가 어떻게 말하는지 듣고 있습니다. 그들은 누가 누구에게 어떤 일을 했는지 가족의 역사를 알고 있으며, 당신이 명절에 일부 친척들을 방문하지 않는 이유가 무엇인지도 압니다.

자녀들은 부모의 행동을 보며 배웁니다. 원망하고 미워하는 감정을 그대로 고수하며 그 감정을 버리지 않아야 할 이유를 어떻게든 찾아내는 부모의 모습을 보고 배우든지, 아니면 하나님이 인애를 베푸신 것처럼 인애를 베풀고 용서와 화해의 가장 큰 장애물을 극복하는 법을 우리에게서 배울 것입니다.

자녀들이 엉망이 된 관계들을 포기하지 않고 사랑으로 회복하려고 애쓰는 우리의 모습을 일상에서 본다면 어떻게 될까요? 배우자와의 관계에 냉기가 흐를 때마다 사과하거나 진심으로 참고 이해해 주는 모습을 보여 준다면 자녀들은 어떻게 생각할까요?

만약 그렇게 된다면, 자녀들은 실제 생활에 영향을 미치는 사랑의 놀라운 힘을 눈앞에서 생생하게 보게 될 것입니다. 영원한 우정과 기념비적 결혼 생활의 위대한 비결 중 하나를 배울 것입니다. 자녀의 눈을 바라보며 "용서해 줄게"라고 말할 때, 그 말이 빈말이 아니라 진심임을 알게 될 것입니다. 또한 대화 중에 그들이 철없이 저지른 잘못이 다시 거론된다 하더라도, 다투거나 해묵은 분노를 다시 표출하는 빌미가 되지 않고 인생의 교훈을 배우는 기회가 될 것입니다.

물론 상대방이 회개할 때 용서해 주는 것이 가장 좋기는 합니다(눅 17:3). 이렇게 하는 것이 모두에게 유익하고 건강합니다. 관계의 완전한 회복을 기대할 수 있습니다. 그러나 예수님은 상대방이 어떻게 반응하든지 늘 조건 없이 용서하고(막 11:25-26), 끝까지 용서하라고(마 18:21-22) 가르치셨습니다. 그리고 우리의 신앙생활이 이러한 태도에 영향을 받을 것을 아셨습니다(마 6:14-15). 우리는 하나님만이 참 재판관이시고 모든 원수를 갚아 주실 분이라는 것과(롬 12:19), 우리 마음에 원한의 뿌리가 남아 있도록 방치한다면 결국 그 쓴 뿌리에 곪고 오염되는 것은 우리 자신일 뿐임을 알고(히 12:15) 상대방을 용서해야 합니다.

용서가 항상 아름답고 쉬운 일은 아닙니다. 매우 어려울 때도 있습니다. 그러나 용서를 자주 실천하고 체질이 되도록 훈련할수록 더 쉽게 용서할 수 있을 것입니다.

크고 작은 잘못을 저지른 자녀들을 용서해 주는 것은, 수많은 다른 관계들 가운데 적용할 수 있는 놀라운 본을 자녀들에게 보여 주는 것이라 할 수 있습니다. 나아가 손자 손녀들의 인생에 기여하는 것이기도 합니다. 손자 손녀들은 무슨 일이 있더라도 부모의 가슴과 가정에 그들의 자리가 있음을 확인하며 성장할 것이기 때문입니다. 당신이 사랑으로 자녀들에게 증명해 준 것처럼 말입니다.

오늘의 부모수업

자녀들에 관해 마음에 해결하지 못한 분노나 용서하지 않는 마음이 있는지 살펴보십시오. 그들의 이름을 적고 그들이 저지른 잘못을 정리해 보십시오. 그리고 그들을 용서하도록 사랑과 은혜를 베풀어 달라고 하나님께 기도하십시오. 그런 다음, 지워지지 않는 잉크로 그들의 잘못에 엑스 표시를 하고 마음속으로 "널 용서할게"라고 큰 소리로 외치십시오. 용서와 새로운 자유의 증표로 그 종이를 찢어 버리십시오.

☐ 오늘의 수업을 완수했으면 여기에 표시하십시오

- 용서하기로 결정했을 때 어떤 기분이 들었습니까?
- 하나님께서 마음에 어떤 변화를 주셨습니까?

∞

이가 누구이기에 죄도 사하는가 하더라. (눅 7:49)

사랑은 책임을 집니다

*자기의 죄를 숨기는 자는 형통하지 못하나 죄를 자복하고
버리는 자는 불쌍히 여김을 받으리라.*

잠 28:13

부모들은 올바로 사과하도록 자녀들에게 가르치는 법을 대부분 알고 있습니다. 보통 우리는 어머니나 동생의 얼굴을 보고 "잘못했어요. 미안해요"라고 말하라고 가르칩니다. 물론 진심을 다하도록 합니다.

하지만 중요한 것은 부모인 우리가 잘못을 했을 때에도 이 가르침대로 실천하는 것입니다. 엄마나 아빠가 주저하지 않고 자녀들에게 "아니, 잘못한 사람은 나야. 네게 사과할 사람은 나란다. 나를 용서해 주겠니?"라고 말할 때, 부모와 자녀 사이의 서로를 존중하는 유대의 끈이 더욱 튼튼해지는 멋진 경험을 하게 될 것입니다. 이런 태도는 부모로서 자녀의 존경을 받는 데 역효과를 내는 것처럼 보일 수도 있습니다. 하지만 실제로 이는 부모에 대한 자녀의 존경심을 지키고 기르는 데 꼭 필요한 태도입니다.

어린 시절에 자녀들은 부모의 결점을 잘 보지 못합니다. 부모는 매일 자녀들에게 현실을 해석해 주며, 보통은 스스로를 긍정적으로 묘사합니다. 또한 부모는 자녀들의 모든 문제에 대해 최고 전문가 행세를 합니다. 그 결과 자녀들은 부모를 만능 해결사처럼 믿고 모든 해답을 다 알고 있는 것처럼 생각합니다.

하지만 우리는 실수하고 넘어집니다. 시간이 흐르면서 우리의 인간적인 모습이 자녀들의 눈에 보이기 시작합니다. 자녀들은 우리가 죄성을 지닌 인간에 지나지 않으며, 일관되지 못하다는 사실을 점점 알아차립니다.

예를 들어, 때로 우리는 미리 계획하거나 생각하지 못하는 실수를 저지를 때가 있습니다. 해야 할 일이 한꺼번에 몰려서 아이들이 학수고대하던 일을 뒷전으로 밀어낼 때도 있습니다. 때로 신중하지 못하고 경솔하게 굴 수도 있습니다. 자녀들은 심각하게 이야기하고 있는데 건성으로 들을 때도 있습니다. 약속을 잊어버리거나 게으름을 피우며 빈둥거릴 수도 있습니다. 자기중심적으로 굴거나 화를 내기도 합니다. 고마워할 줄 모르며 잘못을 저지르기도 합니다.

하지만 그럴 때 사랑은 완전한 부모는 없다는 사실을 우리에게 일깨워 줍니다. 단지 오만하고 스스로 의롭다고 생각하며 자신의 불완전함을 부정하는 사람과, 자신의 실수에 책임을 지는 겸손하고 정직한 사람이 있을 뿐입니다. 사랑은 자녀들을 똑바로 바라보며 우리 역시 실수 많은 연약한 존재임을 말하라고 요청합니다(그렇다고 지나치게 세세한 내용을 다 말할 필요는 없습니다). 회개의 유익을 받아들이고 우리가 잘못한 일을 인정하고 고치도록 요청합니다.

왜 이런 일이 중요합니까? 사랑은 상처를 치유해 주기 때문입니다. 사랑은 위선적인 가면 뒤로 숨으려 하지 않습니다. 기꺼이 책임을 지려 합니다. "진리와 함께 기뻐하고"(고전 13:6) 정직을 자신의 트레이드마크처럼 중요하게 생각합니다.

모든 부모는 자신이 저지른 잘못의 목록이 자녀들의 마음속에 차곡차곡 쌓여가고 있다는 사실을 알아야 합니다. 당신이 저질러 온 잘못들, 상처를 주었던 말들, 지키지 못한 약속들, 분노를 표출한 시간들, 정작 자신이 가르친 대로 행하지 못한 시간들….

자녀들이 나이가 들어갈수록, 이 목록은 우리가 자녀들을 양육하는 데 악영향을 미칠 수 있습니다. 사탄은 자녀들의 귀에 부모를 정죄하고 음해하는 데 이 목록을 이용할 것입니다. 각각의 항목은 부모에 대한 더 많은 분노를 심어 줄 씨앗이 될 수 있습니다. 당신의 마음을 밀어내고, 이후의 반항을 정당화하는 데 이용되는 것입니다. 그러나 사랑은 악한 것을 생각하지 않습니다(고전 13:5). 따라서 우리는 자녀들이 그 목록을 걸러내고 버리도록 도와주어야 합니다.

그러나 우선은 그 목록이 구체적으로 어떤 내용인지 알아보아야 합니다. 자녀들에게 다음과 같이 물어보기 바랍니다. "어떤 이유로 나에게 화가 났니? 네게 상처를 주었는데 모르고 넘어가지는 않았니? 약속을 해놓고서 지키지 않은 적은 없었니? 내가 잘못을 저질렀는데 대화를 하거나 해결하지 않고 넘어간 문제는 없었니?"

그런 다음 자녀의 대답을 적어 보기 바랍니다. 우리는 부모의 진솔한 고백과 정직한 해명을 통해 자녀들이 이런 문제들을 하나하나씩 해결해 나갈 수 있도록 도와야 합니다. 자녀들이 말해 준 일들 중에는 매우 사소하거나 쉽게 해명할 수 있는 일들도 있겠지만, 그것이 어떤 문제이든지 우리는 모두 진지하게 받아들여야 합니다. 세부 내용에 대한 언쟁을 벌이지 말고, 마음을 열어 솔직히 말해 주어서 고맙다고 말하며, 스스로도 사랑으로 하지 않았거나 잘못했다고 생각하는 일에 대해서는 진심으로 사과해야 합니다.

진심으로 "미안하다"고 말하며 자녀들에게 용서를 구하는 데는 단 몇 초밖에 걸리지 않을 것입니다. 하지만 그 짧은 시간은 서로의 마음을 다시 하나로 묶고 앞으로의 관계를 변화시키는 계기가 될 수 있습니다.

첫째, 잘못을 인정하는 것은 **용기 있는 행동**입니다. 잘못을 인정하면 문제를 정면으로 다룰 수 있습니다. 이런 상황에서 부모가 진실을 최고의 친구로 삼는 법을 배우지 않는다면, 진실은 최악의 원수가 될 것입니다. 우리는 자녀들에게 잘못한 일에 책임을 짐으로써 그들이 부모에 대한 원망과 원한을 품지 않도록 지켜 주어야 합니다.

둘째, **구체적으로** 잘못을 인정해야 합니다. 우리는 자녀의 감정이 진정될 때까지, 잘못을 인정하고 멈추지 않고 기도하며 하나님을 의지하는 가운데 말과 일치하는 삶으로 자녀들에게 본을 보여 주어야 합니다. 단순히 잘못을 고백하는 것에 그치는 것이 아니라 변화된 삶을 사는 것이 중요합니다.

마지막으로, 우리가 실제로 잘못을 하지 않았음에도 자녀가 오해한 경우라면 그 상황을 신중하게 **해명해야** 합니다. 이는 자녀들이 우리에 대해 품고 있었을 의심과 불안을 해소하는 데 도움이 될 것입니다.

현명한 부모라면 현실적인 기대감을 심어 주어야 합니다. "나는 정말 좋은 부모가 되고 싶지만, 때로 많은 실수를 저지른단다. 엄마는 매일 하나님의 용서하심이 필요하고, 또 매일 너희의 용서도 필요할 거야. 내가 너희에게 저지른 잘못이 있다면 꼭 나에게 말해 주렴. 대화로 풀어보자꾸나"라고 말한다고 자녀들은 절대 상처받지 않을 것입니다.

자녀들은 부모에게 인정을 베푸는 법을 배움으로써 인정을 베푸는 습관을 개발할 수 있습니다. 이렇게 해서 우리는 자녀들이 중요하면서도 긴장된 관계를 다루는 법을 직접 배우도록 도와줄 수 있습니다. 그것은 바로 용서하는 것입니다. 용서는 가정생활의 개선을 위한 핵심적인 열쇠입니다.

자녀들에게 책임지는 사랑의 본을 보일 수 있게 해달라고 하나님께 기도하십시오. 이번 장에서 언급한 질문들을 이용하여 자녀들 각자에게 혹시 당신이 상처를 주었거나 잘못한 일이 있었는지 물어보십시오. 자녀들의 말을 귀담아 듣고, 당신이 저지른 잘못에 대해 진심으로 사과하십시오. 혹시 그들이 당신의 행동을 오해한 부분이 있다면 오해가 풀리도록 해명하십시오. 진심으로 용서를 구하고, 솔직하게 말해 주고 용서를 해준 것에 대해 고마움을 표현하십시오.

☐ 오늘의 수업을 완수했으면 여기에 표시하십시오

- 자녀들과 진솔하게 대화를 나눈 후 어떤 변화가 있었습니까?
- 예상치 못하게 갑자기 대화하게 된 문제는 무엇입니까?
- 당신은 어떻게 반응했습니까? 자녀들은 어떻게 반응했습니까?

주께 내 죄를 아뢰고 내 죄악을 숨기지 아니하였더니. (시 32:5)

Day 26

사랑은 예수 그리스도입니다

하나님의 사랑이 우리에게 이렇게 나타난 바 되었으니 하나님이 자기의 독생자를 세상에 보내심은 그로 말미암아 우리를 살리려 하심이라.
요일 4:9

사랑은 부모로서 해야 할 수많은 일들로 우리를 안내하지만, 그중에서도 자녀들의 마음이 하나님과 살아 있는 진정한 관계를 맺도록 이끄는 일처럼 중요한 일은 없습니다. 단연코 말입니다. 만약 우리가 자녀들을 세상에서 가장 위대한 사랑으로 이끌어 주지 않고, 예수 그리스도께서 어떻게 그들이 하나님과 참 평화를 누리게 하셨는지 보여 주지 않는다면, 결코 부모의 도리를 다했다고 말할 수 없을 것입니다.

개인적으로 하나님을 모르는 상태에서 이 책을 접한 분들도 있으리라 생각합니다. 자신의 삶을 하나님께 의탁하고, 십자가에서 우리를 위해 희생하신 그리스도의 사랑을 받아들임으로 그분의 용서하심을 얻는 경험을 아직 하지 못했을 수도 있습니다. 만약 그렇다면, 당신이 이 책을 읽는 것은 우연이 아닙니다.

자녀들을 향한 지극한 사랑은 인생에서 가장 중요한 것이 무엇인지 알고 가르쳐 주고 싶다는 간절한 마음으로 표현됩니다. 세상의 모든 것을 다 빼앗긴다 하더라도 절대 변하거나 사라지지 않을 가장 중요한 한 가지가 있습니다. 바로 하나님이 우리와 우리 자녀들을 영원한 목적을 가지고 창조하셨다는 것입니다. 그분의 자녀가 되고, 그분의 사랑을 알며, 우리 인생으로 그분을 높이고, 그분과 영생을 누리도록 말입니다(요 3:16).

하나님의 아들이 아기의 모습으로 세상에 직접 오신 이유가 여기에 있습니다. "하나님이 그 아들을 보내사 여자에게서 나게 하시고 율법 아래에 나게 하신 것은 율법 아래에 있는 자들을 속량하시고 우리로 아들의 명분을 얻게 하려 하심이라"(갈 4:4-5). "또 죽기를 무서워하므로 한평생 매여 종노릇 하는 모든 자들을 놓아 주려 하심이니"(히 2:15).

누구나 죄에 얽매여 죽음의 공포를 맛본 경험이 있을 것입니다. 우리는 자신이 불완전한 존재임을 알고 있습니다. 우리에게 해답이 다 있지도 않습니다. 언젠가는 모두 죽을 것도 알고 있습니다. 오직 하나님만이 무덤 너머에 있는 미지의 세계를 붙들고 계십니다. 그리고 그곳에서 그분은 우리가 땅에서 행한 대로 심판할 것이라고 약속하셨습니다(롬 14:10-12).

성경은 이렇게 말합니다. "알지 못하던 시대에는 하나님이 간과하셨거니와 이제는 어디든지 사람에게 다 명하사 회개하라 하셨으니 이는 정하신 사람으로 하여금 천하를 공의로 심판할 날을 작정하시고 … 증거를 주셨음이라"(행 17:30-31).

그러나 우리와 우리 자녀들은 죄책감과 두려움과 절망과 수치에서 벗어나 평생 영원한 자유를 누리며 살 수 있다는 사실에 안도감을 누리기 바랍니다. 당신이 외부에서 자녀의 인격이 성장하도록 애쓰고 노력하면, 자녀의 내면은 하나님의 사랑과 능력으로 축복을 받고 변화를 받으며 힘을 공급받을 수 있습니다.

이 확실성에 이르는 길은 오직 한 가지 진리밖에 없습니다. 그것은 2000여 년 전 하나님의 아들이자 나사렛 예수라고 불리는 한 사람이 인간적으로 완전한 삶을 사셨고, 그가 기꺼이 우리를 위해 피 흘리셨다는 사실입니다. 성경은 그의 출생이 매우 특별했고, 그의 삶으로 수백 가지 예언이 성취되었으며, 그의 가르침은 영원한 진리를 계시했고, 그의 사랑은 누구와도 비길 수 없었으며, 로마의 십자가 형틀에서 당한 그의 희생적인 죽음은 완전하고 완벽했다고 설명합니다. 그분은 우리가 받아 마땅한 형벌을 대신 감당하시기 위해 이 땅에 오셨고, 우리가 거룩하신 하나님에게 진 빚을 대신 지불하시고 우리의 죄를 해결해 주셨습니다.

그리스도 덕분에 우리와 우리 자녀들은 죄에서 돌이켜 예수의 이름을 부르고 그를 믿으라는 하나님의 초대를 받고 있습니다(롬 10:13). 우리는 입으로 예수를 주로 시인하고, 하나님께서 그를 죽은 자 가운데서 살리신 것을 마음으로 믿으라는 초청을 받고 있습니다(롬 10:9). 하나님께 마음을 열면 그분은 심오하고 확실한 약속을 주십니다. "구원을 받으리라." 그리고 이 약속에는 "누구든지 그를 믿는 자는 부끄러움을 당하지 아니하리라"(롬 10:11)라는 일생의 약속이 따릅니다. 우리는 자격이 없음에도 용서를 받았습니다. 진정한 평화와 소망을 받았습니다. 지금 이 세상에서 하나님과 관계를 누리고 죽음 이후에도 계속될 영원한 생명을 약속으로 받았습니다. 이렇게 하나님은 우리를 사랑하십니다. 이 정도로 하나님은 우리 자녀들을 사랑하십니다.

하나님께 나아가고 그분을 신뢰하기 위해 하나님에 관한 모든 것을 속속들이 다 알아야 할 필요는 없습니다. 자녀들에게 하나님의 사랑을 가르쳐 주기 위해 우리가 이 모든 것을 다 알아야 하는 것은 아닙니다. 주님은 '창세 전'부터 그들을 사랑하셨지만(엡 1:4), 사랑으로 그들의 성장 단계마다 그분과 함께하도록 우리를 초청하는 은혜를 베푸시는 분입니다.

자녀들은 어떠한 영적 결정이든 스스로 준비되기 전에 억지로 결정을 강요받아서는 안 됩니다. 재촉과 압박은 보통 자녀들이 진지하게 그 결정을 받아들이고 그 결정대로 살게 하기보다는, 나중에 원망하며 분노하게 만들 뿐입니다. 그러므로 부모는 삶으로 하나님의 사랑의 본을 보이고, 자녀들의 구원을 위해 기도하며, 인내로 예수님에 대한 진리의 씨를 그들의 가슴에 심는 일에 집중해야 합니다. 때가 되면 자녀들이 스스로 하나님의 용서하심이 필요한 불완전한 죄인이라는 것을 깨닫도록 하나님이 도와주실 것입니다.

하나님이 그들의 마음을 움직이셔서 대화의 문을 열어 주신다면, 그들이 주께 돌아와 하나님께 마음을 드리는 법을 가르쳐 줄 특권을 당신에게 허락하실 것입니다. 그때에 그분은 성령을 그들의 마음에 부어 주실 것입니다. 부모로서 자녀를 양육하는 데 있어 이것처럼 큰 기쁨과 중요한 우선순위는 없을 것입니다.

그들이 주를 진심으로 신뢰하고 믿음 안에서 자라가기 시작할 때, 우리는 예수님과 동행하는 삶이 존재의 모든 면에서 축복이 될 수 있음을 끊임없이 그들에게 보여 줄 수 있습니다. 하나님께서 그들의 마음에 역사하시어 그들을 이끌어 주시고, 힘을 주시며, 기쁨과 의미로 충만한 일생을 살아가도록 회복시켜 주실 것입니다.

자녀들의 마음은 그 무엇보다 예수님을 필요로 합니다. 우리는 그들이 예수님을 알고 매일 그분을 따르도록 계속해서 집중적으로 기도하며 사랑으로 격려해야 합니다.

그리스도를 구주로 진심으로 믿고 있는지 스스로에게 물어보십시오. 만약 그렇다면 값으로 따질 수 없는 선물을 주신 하나님께 감사하는 시간을 가지십시오. 혹시 그렇지 않다면 당신은 오늘 죄에서 돌이켜 하나님의 용서하심과 구원을 간구함으로써 이 문제를 해결할 수 있습니다. 그런 다음 그분의 진리와 당신의 체험을 자녀들과 함께 이야기해 보십시오.

☐ 오늘의 수업을 완수했으면 여기에 표시하십시오

- 지금 자신의 믿음의 행보는 어디까지 와 있습니까?
- 자녀들은 어디까지 와 있습니까?
- 자신의 믿음의 여정을 자녀들과 충분히 공유한 적이 있습니까?
- 자신이 진정으로 구원을 받았는지 확신이 서지 않는다면 성경 후반부의 요한일서라는 짧은 성경책을 읽고 확인해 보십시오.
- 자녀들과 함께 하나님의 구원을 이해하고 경험하며 나누는 방법에 대해서 더 알고 싶다면 부록 280쪽의 '하나님과 화평을 누리는 법'을 참고하십시오.

그러므로 내 아들이여, 그리스도 예수 안에 있는
은혜로 굳세어지십시오. (딤후 2:1, 새번역)

Day 27

사랑은 하나님 안에서 만족합니다

그가 사모하는 영혼에게 만족을 주시며
주린 영혼에게 좋은 것으로 채워주심이로다.
시 107:9

하나님은 자녀들을 우리의 정체성과 의미를 찾는 새로운 원천으로 사용하며 우상시하라고 주신 것이 아닙니다. 또한 다른 곳에서 만족과 성취감을 찾으며 자녀 양육의 책임을 다른 이들에게 떠넘기기를 원하시지도 않습니다.

하나님은 하나님 자신이 우리 만족의 가장 중요한 근원이 되기를 원하십니다. 우리의 이기적인 마음과 타락으로 인해 우리 내면에 생긴 공허함은 하나님이 아니고서는 절대로 채워지지 않습니다.

사람들은 종종 더 많은 돈이나 즐거움, 혹은 권력이 있으면 행복할 수 있을 것이라고 생각합니다. 솔로몬 왕은 이 모든 것을 다 가졌지만 결국 모든 것이 헛되며 바람을 잡는 것과 같음을 깨달았습니다(전 2:1-25). 그는 모든 좋은 것은 궁극적으로 하나님의 손에서 나오는 것이므로 "그분께서 주시지 않고서야, 누가 먹을 수 있으며, 누가 즐길 수 있겠는가?"(새번역 25절)라고 결론지었습니다.

그러나 우리는 불행하다는 생각이 들 때마다, 원하는 것을 손에 넣을 수만 있다면 행복할 수 있을 거라고 생각하곤 합니다. 하나님께서 그분 외에 우리를 만족하게 할 그 어떤 것도 세상에 창조하지 않으셨다는 사실을 깨닫지 못합니다. 심지어 우리 자녀라도 말입니다. 그분은 우리 안에 그분을 찾고 그분의 공급하심으로만 채울 수 있는 갈망을 심어 주셨습니다(빌 4:19). 진정한 사랑과 평화는 오직 하나님과의 친밀한 교제로만 얻을 수 있습니다(갈 5:22).

성경은 우리가 이 세상에서 만족을 추구하면 결코 그 만족을 얻을 수 없고 하나님도 잃어버릴 것이라고 경고합니다. 그러나 하나님 안에서 만족함을 얻으면 하나님을 얻을 뿐 아니라 또한 덤으로 참된 기쁨까지 누릴 수 있습니다. 시편 기자는 "또 여호와를 기뻐하라 그가 네 마음의 소원을 네게 이루어 주시리로다"(시 37:4)라고 말했습니다. 하나님은 우리가 하나님을 가장 중요한 우선순위로 구하고 사랑할 때 우리가 진정으로 필요로 하고 원하는 것을 우리 마음에 공급해 주겠다고 약속해 주셨습니다.

하나님과 온전한 관계를 누리는 부모가 있다면 모든 가족이 그 혜택을 누릴 것입니다. 통제권을 하나님께 내어 드리고, 하나님께서 사랑과 새로운 의미와 양심의 평화를 채워 주시도록 한다면, 마음에서 솟아나는 기쁨이 다른 가족들에게까지 흘러가게 될 것입니다.

"아들이나 딸을 나보다 더 사랑하는 자도 내게 합당하지 아니하며"(마 10:37)라는 예수님의 말씀이 몰인정한 말이 아닌 까닭이 여기에 있습니다. 이 말씀이 인정에 반하는 것처럼 들릴 수도 있지만, 실제로 자녀들은 인생 서열의 첫 번째가 되어서는 절대 안 됩니다. 배우자나 심지어 우리 자신이라도 마찬가지입니다.

자녀를 사랑하는 부모의 중요한 도전 중 하나는 모든 열정의 채널을 하나님과 교제하는 데 오롯이 집중하는 것입니다. 그런 다음, 하나님이 주신 능력을 통해 자녀의 인생에서 사랑으로 얼마나 놀라운 일을 (이전과는 비교가 되지 않을 정도로 놀라운 성취를) 이룰 수 있는지 확인하는 것입니다. 하나님을 먼저 사랑하면 자녀들을 훨씬 더 잘 사랑할 수 있습니다. 하나님과 만족스러운 교제를 누리며 사는 것이 역동적인 자녀 양육의 비결이라고 말할 수 있는 이유가 여기에 있습니다.

그렇다고 자녀들의 필요에 무관심하라는 말이 아닙니다. 매일 기도로 하나님과 지속적으로 교제하며 지혜와 힘을 구할 때, 자녀들의 가장 중요한 필요를 기민하게 포착하는 민감성이 개발될 수 있을 것이라는 뜻입니다.

하나님의 성령은 우리 마음에 사랑을 끊임없이 부어 주실 것입니다(롬 5:1-5). 더 이상 의지력을 발휘할 수 없는 불확실한 상황에서도 흔들리지 않도록 마음에 평강을 주실 것입니다. 아무리 힘든 일을 겪는다 하더라도 모든 상황을 초월하는 그분의 기쁨을 우리 안에 부어 주실 것입니다.

하나님 안에서 만족을 누린다는 것이 이렇게 아름다운 것입니다. 하나님과 하나님의 약속은 변하지 않기에 환경은 중요하지 않습니다. 그러므로 하나님이 채워 주시고 사용하시도록 우리를 그분께 맡겨 드린다면 우리의 자녀들은 결핍을 겪지 않을 것입니다. 오히려 정반대입니다. 당신을 통해 하나님의 마음에서 그들의 마음으로 직접 흘러 들어갈 것이기 때문입니다.

때로 자녀들은 당신을 실제로 그렇게 필요로 하지 않을 수도 있습니다. 당신은 두려움이나, 혹은 자녀들에게서 자신의 존재를 확인하고자 하는 건강하지 못한 욕심 때문에 지나치게 자녀들을 위해 애쓰고 있을지도 모릅니다. 당신이 아무리 자녀들의 필요를 채워 주려 해도, 그들은 다른 곳에서 필요를 채우려 할지도 모릅니다. 그러나 우리가 하나님 안에 있으면 그분의 성령으로 끊임없이 공급하심을 받아 어떤 경우에도 가장 좋은 것으로 자녀들을 섬길 수 있습니다. 매일 하나님이 우리 안에 거하시도록 한 덕분에 하나님의 말씀과 지혜와 오래 참음이 우리 안에서 흘러나오게 될 것입니다.

야곱의 아내 레아(창 29:30-35)는 자녀들에게서 모든 인생의 만족을 얻고자 했던 사람의 전형적인 사례에 속합니다. 남편의 사랑을 받지 못한 레아는 자식을 낳으면 남편의 사랑을 되찾을 수 있을 것이라고 기대했습니다. 그녀는 야곱에게 세 아들을 낳아 주었고, 아들을 낳을 때마다 만족과 안전을 향한 자신의 갈망이 담긴 이름을 지어 주었습니다. 그러나 결국 그녀는 어떤 인간도 자신의 가장 깊은 내면의 정서적이고 영적인 필요의 무거운 무게를 감당할 수 없음을 깨달았습니다. 넷째 아들이 태어나자 레아는 "내가 이제는 여호와를 찬송하리로다"(35절)라고 말했습니다. 결국 레아는 자신의 탐색을 끝내고 진정한 탐색을 시작했습니다. 바로 하나님을 사랑하는 것입니다.

마음의 허기를 느낄 때 우리는 하나님을 바라보아야 합니다. 하나님은 광대하시며, 절대 바닥나지 않는 풍성함으로 "모든 생물의 소원을 만족하게" 하실 수 있는 분이시기에(시 145:16) 그분의 채우심이 모자라지는 않을까 염려할 필요는 조금도 없습니다.

다윗 왕은 하나님을 찬양하며 "주의 앞에는 충만한 기쁨이 있고 주의 오른쪽에는 영원한 기쁨이 있나이다"(시 16:11)라고 고백했습니다. 우리는 매일 모든 것의 원천이신 하나님을 즐거워할 수 있습니다. 우리가 필요로 하는 모든 것의 원천이신 분을 누릴 수 있습니다.

오늘의 부모수업

마태복음 11장 28-30절의 예수님의 말씀을 읽으십시오. 하나님 안에서 매일 안식을 누릴 수 있는 방법에 대해 하나님께 기도로 여쭈어 보십시오. 마음을 활짝 열어 그분의 사랑으로 충만하게 채워 주시고, 그분과의 친밀한 동행으로 마음의 기쁨을 얻게 해주시도록 구하십시오. 선하시며 필요를 채워 주시는 하나님께 감사를 드리십시오. 하나님을 중심에 모시는 삶을 누리십시오. 그리고 오늘 이렇게 함으로 당신 안에 어떤 변화가 일어나는지 자녀들이 보게 하십시오.

☐ 오늘의 수업을 완수했으면 여기에 표시하십시오

- 인생과 태도에 어떤 변화가 있어야 오직 하나님만으로 만족할 수 있겠습니까?
- 하나님이 깨닫게 하신 교훈은 무엇입니까?
- 이것은 자녀들에게 어떤 도움이 되겠습니까?

나의 영혼이 잠잠히 하나님만 바람이여
나의 구원이 그에게서 나오는도다. (시 62:1)

Day 28

사랑은 하나님의 말씀입니다

우리가 이를 그들의 자손에게 숨기지 아니하고 여호와의 영예와
그의 능력과 그가 행하신 기이한 사적을 후대에 전하리로다.
시 78:4

미국의 6대 대통령인 존 퀸시 애덤스는 "저는 성경을 매우 중요하게 생각합니다. 저의 자녀들이 성경 읽기를 시작하는 시기가 빠를수록 그들이 국가의 유용한 시민이자 존경받는 사회의 구성원이 될 것이라는 저의 기대가 더욱 확실히 이루어지리라 생각합니다"라고 말했습니다.

부모라면 누구나 이 사실을 깨달아야 합니다. 성경에 기록된 진리의 말씀들을 듣고 읽으며 가슴과 머리에 간직하는 자녀들은 인생을 살아가는 데 필요한 장비를 더 확실하게 구비할 수 있습니다. 정직, 공정함, 건강, 재정 관리에 이르는 문제들에 대한 하나님의 지혜를 내면에 간직할 것입니다. 직장 윤리에 관한 문제부터 섬기는 리더십에 이르기까지 모든 부분에서 하나님의 조언을 언제든지 활용할 수 있을 것입니다. 건강한 부부 관계, 가정, 사업, 정부, 사회를 세우는 데 토대가 될 초석들이 무엇인지 더 정확히 이해할 수 있을 것입니다. 믿음과 하나님의 본성과 역사와 영원의 의미에 대해 더 정확히 파악할 수 있을 것입니다. 가장 중요한 점은 그들이 하나님의 음성을 듣고 그 음성에 익숙해질 것이라는 사실입니다. 성경을 읽는 데 시간을 투자하면 이 모든 것을 할 수 있고, 그 이상도 가능합니다.

하지만 이 중요한 교육을 위해 부모가 반드시 영적인 천재성을 가져야 하거나 신학교 학위를 갖추어야 하는 것은 아닙니다. 이 교육 과정은 진심으로 자녀를 사랑하고, 하나님과 그분의 말씀을 사랑하며, 자녀들이 영적인 갈망을 가지도록 기꺼이 돕고자 하는 어머니나 아버지로부터 시작됩니다.

자녀들과 함께 성경을 보기 위해서는 우선 완벽한 계획부터 세워야 한다고 생각하는 부모가 너무나 많습니다. 그러나 그리스도인들은 혼자 힘들게 성경의 중요한 주제들을 파악할 필요가 없습니다. 당신이 그리스도를 안다면, 당신의 마음속에는 진리를 깨닫게 해주시는 성령이 계십니다. "성령은 모든 것 곧 하나님의 깊은 것까지도 통달하시느니라"(고전 2:10). 그분이 우리 내면에서 비쳐 주시는 램프 덕분에 이제 우리는 성경을 읽고 이해하며 삶으로 살아내고 나눌 수 있습니다.

하나님은 우리 자녀들을 한없이 사랑하시므로, 만약 우리가 그들이 교회나 가정에서 꾸준히 하나님의 말씀을 듣도록 환경을 조성한다면, 그분은 그분의 말씀을 통해 그들에게 말씀하신 책임을 지실 것입니다. 자녀들에게 말씀을 들려주고 가르치는 것은 훈련과 지식의 문제가 아니라, 적극적인 의지와 사랑의 문제입니다.

그러므로 일단 마음의 자세가 중요합니다. 너무 걱정하지 마십시오. 창세기나 잠언, 아니면 마태복음으로 시작하고, 한 번에 한 장씩 아침이나 식사 시간, 혹은 잠자리에 들기 전에 큰 소리로 가족들에게 읽어 주는 것부터 시도해 보기 바랍니다.

정해진 형식은 없습니다. 말씀이 알아서 할 것입니다. "하나님의 말씀은 살아 있고 활력이 있어 좌우에 날선 어떤 검보다도 예리"하기 때문입니다(히 4:12). 말씀을 읽고 대화를 나누며 읽은 말씀을 가지고 기도할 때 자녀들은 영적으로 성장할 것입니다. 놀라운 속도로 말입니다.

이런 생각이 급진적이거나 혁명적으로 보일지도 모르겠습니다. 일정상 매일 이 시간을 가지기가 어려울 수도 있습니다. 그러나 우리는 집에서 성경 읽는 시간을 습관처럼 훈련하고 그 시간을 일주일 중 가장 큰 힘을 공급받는 시간으로 만든 수많은 가정들의 대열에 동참해야 합니다. 이 시간은 자녀들의 인생에 영원히 지속되고 기억될 유산이 될 수 있습니다. 그분의 말씀을 사랑하고 높이는 가정과 마음에는 하나님의 임재와 능력이 끊임없이 드러날 것입니다.

이것은 그렇게 거창하고 힘든 일이 아닙니다. 실제로 당신은 자녀들을 매일같이 영적인 보화가 담긴 이 보석함으로 인도할 수 있는 완벽한 자격과 위치를 갖추고 있습니다. (세상의 다른 이들이 아니라 바로 당신이 말입니다.) 자녀들 앞에서 성경을 펼치는 것은 사랑의 편지와 보물 지도를 펼치는 것과 같습니다. 각 페이지에는 시간을 초월한 하나님의 방법과 기이함을 확인할 수 있는 또 다른 수단이 표시되어 있으며, 탐색이 거듭될수록 온 가족은 풍성하고 새로운 차원의 경험을 하게 될 것입니다.

성경 말씀을 듣고 자라는 자녀들은 모세의 도덕성과 아브라함의 믿음, 솔로몬의 지혜와 다윗 왕의 열정, 예수 그리스도의 교훈과 사랑을 배울 수 있습니다. 무엇보다 역사를 통해 드러난 하나님의 주권과 섭리가 생생하면서도 시의적절한 색으로 자녀들의 가슴 속에 펼쳐질 것입니다. 그들은 성경이 "금보다, 순금보다 더 탐스럽고, 꿀보다, 송이꿀보다 더 달콤하다"(시 19:10, 새번역)는 사실을 알게 될 것입니다.

시간을 내서 자녀들에게 당신이 아는 지식을 모두 말해 준다 하더라도, 자녀들은 그 정도 수준에서만 성장하고 말 것입니다. 그러나 매일 그들 앞에 "하나님의 감동으로 된 것으로 교훈과 책망과 바르게 함과 의로 교육하기에 유익"한 말씀을 펼친다면, 그들이 온전하며 모든 선한 일을 행할 능력을 갖추도록 반드시 도와줄 수 있습니다(딤후 3:16-17).

당신은 앞으로 위기를 만나거나 어떤 결정을 내려야 할 때 자녀들에게 확신을 가지고 이렇게 말할 수 있습니다. "너는 배우고 확신한 일에 거하라 너는 네가 누구에게서 배운 것을 알며 또 어려서부터 성경을 알았나니 성경은 능히 너로 하여금 그리스도 예수 안에 있는 믿음으로 말미암아 구원에 이르는 지혜가 있게 하느니라"(딤후 3:14-15)라고 말입니다.

예수님은 이렇게 말씀하셨습니다. "그러므로 내 말을 듣고 그대로 행하는 사람은, 반석 위에다 자기 집을 지은, 슬기로운 사람과 같다고 할 것이다. 비가 내리고, 홍수가 나고, 바람이 불어서, 그 집에 들이쳤지만, 무너지지 않았다. 그 집을 반석 위에 세웠기 때문이다"(마 7:24-25, 새번역).

가족들이 하나님의 불변하는 말씀의 반석이라는 터에 인생의 기초를 놓는다면, 인생의 수많은 폭풍과 모험에도 너끈히 대처하며 흔들리지 않고 견고할 수 있을 것입니다.

오늘의
부모수업

가족끼리 기도하고 말씀을 보는 시간을 규칙적으로 갖고 있지 않다면, 오늘부터 이 영적인 습관을 실천하겠다고 결단하십시오. 짧은 성경 구절을 읽거나, 성경 한 장을 읽는 것처럼 간단하게 시작할 수 있습니다. 그 시간을 규칙적으로 서로 소통하는 모험의 시간으로 삼으십시오. 이미 이렇게 하고 있다면, 오늘 이 순간을 이용해 그분의 진리를 당신과 자녀들에게 더 명확하고 강력하게 말씀해 주시도록 구체적으로 하나님께 구하십시오.

☐ 오늘의 수업을 완수했으면 여기에 표시하십시오

- 하나님의 말씀에 대한 갈망이 깊어지도록 자녀들을 도와주었습니까?
- 규칙적으로 성경 말씀을 읽고 있습니까?
- 가정에서 경건의 시간을 인도하기에 가장 적절한 시간은 하루 중 언제입니까?
- 이 시간을 갖기 위해 일정에서 미루어도 되는 일은 무엇입니까?
- 자녀들과 암송해야 할 중요한 성경 구절에 대한 목록은 부록 286쪽을 참고하십시오.

대대로 주께서 행하시는 일을 크게 찬양하며
주의 능한 일을 선포하리로다. (시 145:4)

Day 29

사랑은 경청합니다

아버지여 내 말을 들으신 것을 감사하나이다
항상 내 말을 들으시는 줄을 내가 알았나이다.
요 11:41-42

자녀들은 당신이 진심으로 그들을 이해한다고 믿습니까? 지금 자녀들의 관심사에 얼마나 지속적으로 관심을 기울이고 있습니까? 그들이 가장 바라는 것은 무엇이고, 가장 두려워하는 것은 무엇인지 알고 있습니까? 자녀들이 마음속의 비밀을 편안하게 털어놓는 편입니까?

자녀들에게는 많은 것이 필요하지만, 그중 단연코 필요한 것은 부모가 오롯이 그들에게 집중하고 관심을 기울이는 시간일 것입니다. 마음을 기울여 자녀들의 말을 들어주는 것은 자녀들이 우리에게 중요한 존재라는 사실을 확인시켜 줍니다.

따라서 자녀를 사랑할 때 반드시 숙달해야 하는 너무나 중요한 기술은 바로 자녀의 말을 귀 기울여 듣는 능력입니다. 오늘날과 같은 디지털 시대에는 멀티태스킹이 필수가 되었지만, 좋은 경청자가 되기 위해서는 다른 일들을 멈추고 상대방에게 온전히 집중해야 합니다. 텔레비전과 이어폰, 컴퓨터, 핸드폰을 꺼야 합니다. 손을 가지런히 모으고 미소를 지으며 귀를 쫑긋 열고 머리를 끄덕이며 들어야 합니다. 많은 일로 분주하다 하더라도, 사랑은 부산함을 내려놓고 의도적으로 꾸준하게 자녀들의 세계로 들어가라고 요청합니다.

사람들은 누구나 다른 사람과 친밀한 우정을 누리기를 갈망합니다. '온전히 알아주고 사랑해 주는' 관계를 소망합니다. 흔히 친밀함(intimacy)이란 단어는 'Into me you see'(내게 다가와, 그리고 봐)라고 발음할 수 있다고 합니다. 어떤 사람이 자신의 가장 내밀하고 어두운 비밀을 누군가에게 알려 줄 때 생기는 일을 정확히 포착한 발음이라고 생각합니다. 자녀들이 자신의 연약함에도 불구하고 여전히 용납받고 사랑받을 수 있음을 확신하고 두려움 없이 마음속 깊은 비밀을 털어놓을 때, 놀라운 일체감과 유대감이 생기게 됩니다. 진심으로 자신을 알아주고 있는 그대로 사랑해 주는 사람이 아무도 없으면, 사람들은 내면에 깊은 고독감을 느낍니다.

어린 자녀들, 특히 십 대 자녀들은 인생에서 가장 중요하고 심각한 문제들을 부모에게 숨기고 내보이지 않을 때가 너무나 많습니다. 중요한 관심사와 고민들을 부모와 함께 나누어도 괜찮다는 확신이 없어서일 것입니다. 그들은 마음속 진짜 생각과 감정과 필요와 관심사를 그대로 드러냈다가 무시를 당하거나 거절을 당할까

봐 두려워합니다. 그러나 부모는 그러한 자녀들을 사랑하도록 하나님께 위임을 받은 사람들입니다.

진솔하게 마음에 있는 질문을 하고 자녀들의 말에 귀 기울이기 위해 시간을 투자하는 것이 자녀를 양육하는 데 너무나 중요한 이유가 여기에 있습니다. 따스한 마음으로 귀를 기울여 들어주면, 자녀들이 마음을 열고 자기를 드러내어도 안전하게 보호받을 수 있는 공간이 생기게 됩니다.

대부분의 대화가 보통 피상적인 수준에서 시작하므로, 처음에 자녀들은 종종 텔레비전에서 본 내용이나 학교에서 친구와 있었던 일, 최근에 중요하게 관심을 가졌던 내용처럼 사소하고 시시한 내용부터 이야기할 것입니다. 이런 얕은 수준의 이야기를 할 때 그들을 무시하거나 진지한 관심을 보이지 않는다면, 그들은 더 깊은 수준의 대화로 나아가기에 안전하지 않다고 생각할 수 있습니다. 그러나 자녀가 중요하게 생각하는 일이라면 당신도 중요하게 생각해야 합니다. 당신이 그들을 소중히 여기고, 사랑과 관심을 가지고 있다는 것을 확인하면, 그들은 더 마음을 열고 마음 깊숙한 곳에 있는 내밀한 필요와 감정과 염려를 털어놓을 것입니다.

차를 타고 가면서 대화를 하든지, 전화로 대화를 하든지, 아니면 잠자리에 들기 전 안부 인사를 하든지, 자녀들이 마음을 열 때 우리는 그들을 배려하고 소중히 여기며 사랑을 확인해 주어야 합니다. 그들이 얼토당토 않는 이야기를 할 수도 있습니다. 무턱대고 우기거나 감정적으로 굴 수도 있습니다. 오히려 꾸중을 해야 할 수도 있습니다. 그러나 먼저 마음을 기울여 관심을 보여 주고 그들이 한 말을 다시 정리해서 확인해 준다면, 최소한 부모가 자기들의 말을 들어주었다는 사실은 알 수 있을 것입니다. 당신이 그들의 말을 이해하고 관심을 보인다는 확신이 든다면, 그들은 당신을 더욱 신뢰하고 당신의 조언이나 우려를 거부감 없이 받아들이게 될 것입니다.

이와 대조적으로, 부모를 원망하며 반항하는 십 대들은 부모가 자신들의 말을 들어주거나 이해하려 하지 않는다고 생각합니다. "선한 지혜는 은혜를" 베풀기(잠 13:15) 때문에 모든 부모는 자녀들이 안심할 수 있는 대화를 먼저 시작하고, 마음이 하나가 되도록 노력해야 합니다. 경청하기 위해서는 에너지와 시간을 투자하는 사랑의 수고가 필요하지만, 그로 인해 자녀들의 마음을 얻을 수 있으므로 매우 유익한 투자라 할 수 있습니다.

때로 자녀들이 실제로 무슨 생각을 하는지 알아내기가 쉽지 않을 수도 있습니다. 그럴 경우, 제대로 경청하기 위해 더 많이 말을 걸고 탐색하는 과정이 필요합니다. 그러나 사랑은 이 과정을 기꺼이 감내할 인내심을 줄 수 있습니다.

"정말 네게 많은 일이 있었나 보구나."

"네 말을 제대로 이해했는지 알고 싶은데."

"그 일로 네가 정말 불편했겠다는 생각이 드는구나."

사랑으로 자녀의 말을 경청할 때에는 범죄 행각을 취조하거나 응급 비상 통화를 하듯이 해서는 안 됩니다. 성급하게 해결책을 제시하거나 응급조치를 시행하려 해서도 안 됩니다. 경청은 단순히 귀 기울여 듣고 사랑하는 것입니다. 진심으로 관심을 보이고 이해하는 것입니다.

또한 경청은 자녀들이 언젠가 하나님과 기도로 친밀하게 교제할 수 있도록 준비시켜 줍니다. 하나님은 이렇게 말씀하셨습니다. "너희가 내게 부르짖으며 내게 와서 기도하면 내가 너희들의 기도를 들을 것이요"(렘 29:12). "너희 중에 누구든지 지혜가 부족하거든 모든 사람에게 후히 주시고 꾸짖지 아니하시는 하나님께 구하라 그리하면 주시리라"(약 1:5).

예수님은 부모가 자녀들의 필요에 사랑으로 응한다는 사실을 토대로 기도에 대한 논증을 전개하셨습니다. "너희 중에 누가 아들이 떡을 달라 하는데 돌을 주며 생선을 달라 하는데 뱀을 줄 사람이 있겠느냐 너희가 악한 자라도 좋은 것으로 자식에게 줄 줄 알거든 하물며 하늘에 계신 너희 아버지께서 구하는 자에게 좋은 것으로 주시지 않겠느냐"(마 7:9-11).

우리가 부를 때 하나님은 신실하시게 들어주십니다. 그러므로 자녀들이 우리에게 대화를 요청할 때에는 바쁘다는 인상을 주어서는 안 됩니다. 당연히 그래야 하지 않겠습니까? 우리가 하나님의 사랑을 확신하듯이, 우리의 자녀들도 매일 우리의 사랑을 확신하며 살아야 합니다.

빠른 시일 내에 자녀들과 차례로 한 명씩 만나 특별한 만찬을 나누는 시간을 가지십시오. 대부분 자녀의 말을 듣는 데 치중하십시오. 자녀들의 희망과 꿈과 관심사와 목표에 대해 물어보십시오. 서로를 이해한다는 것을 확인하며 그들이 안심하고 마음속 이야기를 털어놓을 수 있도록 도와주십시오. 자녀들의 마음을 얻는 데 집중하십시오.

☐ 오늘의 수업을 완수했으면 여기에 표시하십시오

- 어디서 특별한 만찬을 나누었고 어떤 사실을 알았습니까?
- 그 시간이 즐거웠습니까, 아니면 어색하고 힘들었습니까?
- 이 시간을 통해 자녀와의 친밀함이 어느 정도의 수준인지 알 수 있었습니까?
- 자녀와의 관계가 돈독해지기 위해 어떤 노력을 더 해볼 수 있겠습니까?
- 오늘의 도전에 대해 도움을 받고 싶다면 부록 289쪽의 '자녀의 생각과 생활을 알아보기 위한 질문'을 참고하십시오.

그러나 하나님이 실로 들으셨음이여
내 기도 소리에 귀를 기울이셨도다. (시 66:19)

Day 30

사랑은 마음을 돌보고 지켜 줍니다

그는 목자같이 양 떼를 먹이시며 어린 양을 그 팔로 모아 품에 안으시며.
사 40:11

힘든 일이 생길 때 사랑은 어떻게 할까요? 슬프게도 인생은 실망하고 낙심할 일들로 가득합니다. 그네를 타며 깔깔거리며 놀거나, 눈사람을 만들며 뛰놀고, 여름에 수영장에서 물장구를 치고 노는 즐거운 일들만 가득하기를 바라지만, 인생은 뜻대로 되지 않을 때가 더 많습니다. 아이들이 갑자기 병에 걸릴 수도 있습니다. 뜻밖의 부상으로 경기에 참여하지 못할 수도 있습니다. 사랑하는 이모와 이모부가 어느 날 이혼을 할 수도 있습니다.

그럴 때 사랑은 어떻게 할까요? 할머니가 돌아가실 때, 가장 친한 친구가 믿음을 저버릴 때, 선수 선발 테스트에서 탈락할 때, 이성 친구가 마음을 아프게 할 때 사랑은 어떻게 반응할까요?

좋은 부모가 되기 위해서는 종종 자녀들에게 새로운 기대감을 심어 주고 그들보다 미리 생각하는 수고를 감당해야 합니다. 사랑은 우리가 단순히 그들의 상처만이 아니라 마음까지 돌아보고 관심을 가지고 있음을 분명하게 확인해 줍니다. 하나님께서 이런 달갑지 않은 외부적인 변화를 통해 그들의 내면을 강하게 하시고 회복과 은혜의 삶을 누리도록 미리 준비시키신다는 사실을 확실히 알려 줍니다.

성경에서 강조하는 강한 리더십의 모델은 사랑으로 양을 돌보는 목자의 리더십입니다. 양의 일상적인 필요를 관리하며 끊임없이 지켜 주고 감독하는 리더십입니다. 양이 위협을 당할 때 신속하게 알아차리고, 맹수의 공격을 받을 가능성이 있는 곳을 부지런히 확인하며, 애정 어린 보살핌과 영웅적인 구조 행위를 동시에 기꺼이 수행하는 리더십입니다.

가정의 목자로서 부모는 매일 식탁을 차리고 깨끗한 양말이 떨어지지 않도록 부지런히 수고합니다. 그러나 부모가 감당해야 하는 훨씬 더 중요한 일이 있습니다. 자녀들의 마음을 지키고 돌보는 일입니다. 원치 않는 낙심과 괴롭고 속상한 일들로 마음에 상처를 입고 힘들어할 때보다 자녀들의 마음이 취약해졌거나 배울 준비가 된 때는 없습니다.

자녀를 사랑하는 부모는 이런 비상 상황에 언제라도 응할 준비가 되어 있습니다. 영적으로 늘 예민하게 깨어 있으며, 정서적으로 민감하게 반응할 준비가 되어 있습니다. 그들은 미리 생각합니다. 인생이 평탄하게 흘러갈 때에도, 그들은 가장 필요할 때 하나님의 지혜를 새롭게 공급받을 수 있도록 준비되어 있기를 원합니다. 자녀에게 닥칠 위기에 직접 대응할 수 있도록 언제나 말씀의 양식과 음료를 미리 비축해 놓습니다.

사고나 노환이나 질병으로 사랑하는 이를 잃을 때, 사랑은 자녀들을 우리의 품으로, 그리고 말씀의 품으로 인도합니다. "사망의 음침한 골짜기를" 무사히 지나가게 하겠다는 하나님의 약속이 있는 말씀의 품으로 말입니다(시 23:4). 우리는 하나님이 항상 우리와 함께하시며 위로해 주심을 그들에게 확인시켜 줍니다.

자녀들이 또래들에게 억울하게 비난을 받거나 따돌림을 당할 때, 목자처럼 자녀를 돌보는 부모는 자녀가 되갚아 주고 싶은 유혹을 받거나 자신감이 사라지고 불안함에 시달릴 수 있음을 알고 미리 예방합니다. 자녀들이 싸우는 수많은 어려움과 혼란, 분노에 관해 대화하면서, 그들이 고민하며 최선의 반응을 할 수 있도록 도와줍니다. 상대를 용서하는 것의 중요성뿐 아니라 기도의 중요성도 가르치고, 원한과 분노와 냉담함의 '감옥'을 벗어나도록 도와줍니다(마 18:34). 필요할 경우는 사랑으로 상대방과 용감하게 맞서는 방법을 보여 줍니다. 결과적으로 더 강한 사람이 되도록 도와줍니다.

사랑은 거짓말을 들추어내고, 자신의 어두운 그림자와 정면으로 맞서며, '강한 망대'이신 여호와의 이름을 부르는 법을 자녀들에게 가르쳐 줍니다. 성경은 "의인은 그리로 달려가서 안전함을 얻느니라"라고 말합니다(잠 18:10).

사랑은 "하나님을 사랑하는 자 곧 그의 뜻대로 부르심을 입은 자들에게는 모든 것이 합력하여 선을 이루느니라"(롬 8:28)라는 말씀을 신뢰하며, 실패와 고난과 낙심에 어떻게 대응해야 하는지 자녀들에게 알려 줍니다.

사랑은 심지어 도무지 이해되지 않는 상황 속에서도 평온을 누리는 법을 배우도록 돕습니다. 도무지 답을 찾을 수 없는 문제들을 하나님께 맡기는 법을 알려 줍니다. 하나님께서 그들에게 필요한 것이 무엇인지 다 아시고 이미 생각해 두셨으므로, 그들은 그 모든 것을 극복할 수 있음을 확신할 수 있습니다. 하나님을 묵묵히 믿고 신뢰할 수 있습니다.

때로 사랑은 아픔을 함께하는 눈물로 자녀들을 품어 줍니다. 또 다른 경우에 사랑은 눈물을 거두고 당당하게 어깨를 펴서 정면으로 맞서 싸우며 하나님의 인정을 그들의 방패로 삼으라고 말해야 하기도 합니다. "여호와는 내 편이시라 내가 두려워하지 아니하리니 사람이 내게 어찌할까"(시 118:6).

이렇게 부모는 양을 치는 목자처럼 자녀들을 돌보아야 합니다. 이렇게 그들의 마음을 이끌어 주고 인도해 주어야 합니다.

하지만 안타깝게도 실제로 자녀들의 마음을 지키고 보호하며 준비시킬 가장 큰 책임이 있는 아버지들이 이런 어려운 상황이 닥칠 때 오히려 가장 먼저 뒷걸음질 치는 경우가 너무나 많습니다. 민감한 문제는 아내에게 떠넘기고 일에 몰두하거나, 자신의 아이들은 강하기 때문에 직접 도와주지 않아도 이런 문제들을 충분히 해결할 수 있다고 호언장담합니다. 그러나 우리 아버지들은 필요할 때 언제라도 행동에 나서야 합니다. 성경은 양을 돌보는 목자가 없을 때 어떤 일이 벌어지는지 자주 이야기합니다. 양들은 뿔뿔이 흩어져 방황하게 됩니다. 무방비 상태에서 거짓과 오류에 쉽게 빠지게 됩니다.

우리의 모델은 예수님입니다. 단 한 명도 빼앗기거나 버림받지 않게 하기 위해 양들을 위하여 목숨을 버리신 선한 목자이신 그분이 우리의 모델입니다(요 10:11).

맞습니다. 인생은 녹록하지 않습니다. 그러나 사랑은 이것을 뛰어넘도록 더 열심히 애씁니다. 사랑은 고통보다 더 강하고 더 지혜롭습니다. 자녀들이 어떤 일에도 당당히 맞서도록 준비시킬 수 있고, 은혜와 용기로 모든 일에 반응하도록 도와줄 수 있습니다.

요한복음 16장 32-33절과 로마서 8장 28-39절을 이용해, 오늘 마음에 새길 교훈과 어려움이 생길 때 대처하는 방법에 대해 자녀들과 이야기를 나누어 보십시오. 최근에 당한 위기가 있었다면 함께 대화하고 격려하며 그들을 위해 기도해 주십시오.

☐ 오늘의 수업을 완수했으면 여기에 표시하십시오

- 자녀들과 어떤 이야기를 나누었습니까?
- 자녀들은 어떻게 받아들였습니까?

이는 그들로 마음에 위안을 받고 사랑 안에서 연합하여. (골 2:2)

Day 31

사랑은 영향을 미칩니다

지략이 없으면 백성이 망하여도 지략이 많으면 평안을 누리느니라.
잠 11:14

자녀 양육은 절대 모든 문제를 다 해결해 주는 원 스톱 서비스가 아닙니다. 우리가 자녀를 키우면서 습득한 지식은 확실하고 분명할지 모르지만, 우리 입으로 부를 수 없는 다양한 악보들이 항상 생겨날 것입니다. 바로 이것이 자녀들을 위한 가장 담대하면서도 미래지향적인 장기 과제 중 하나로, 그들을 안전한 길로 안내할 수 있는 건강한 영향력 네트워크를 만들어야 하는 이유입니다.

세상을 향해 열고 싶은 창을 결정하고, 이를 자녀들의 생각과 마음을 개발하는 데 최적화하여 활용하는 일은 우리 가정에서 시작됩니다. 중요성이 종종 간과되곤 하는 한 가지 도구는 자녀들에게 양질의 책을 소개하고 접하도록 하는 것과 관련이 있습니다. 혼자서 독서를 하든지 가족이 함께 독서를 하든지, 기독교의 영웅적인물의 전기와 고전들을 읽는 일은 자녀들의 상상력에 불을 지르고, 실존 인물이든 허구의 영웅이든 그들을 본받고 싶은 마음을 자극할 수 있습니다. 은총, 명예, 용기, 고결한 인격에 대한 도전을 받을 수 있습니다. 발견에 대한 갈망을 자극하고 독서를 사랑하도록 가르치는 것은 가진 시간과 돈을 다 바쳐서라도 시도할 가치가 있는 일생의 투자입니다.

우리의 음악적 기호 역시 자녀들이 진정한 아름다움과 예배를 갈망하도록 도와줄 수 있습니다. 음악적 취향을 또래 친구들이 결정하도록 맡기기보다, 부모인 우리가 즐겁고 건전한 음악을 늘 틀어 줌으로 그들이 하루 종일 하나님을 떠올리고 신뢰하도록 이끌어 주어야 합니다. 시편에는 가족들이 하나님을 예배하고 친밀하게 알아 가도록 돕기 위해 세대에서 세대로 전해져 온 찬양의 노래들이 가득 담겨 있습니다.

또한 부모는 자녀들의 일생 동안 함께하며 지원해 줄 중보기도의 네트워크를 만들어야 합니다. 자녀들을 위해 기도하는 데 당신과 함께해 줄 사람은 누구입니까? 뿐만 아니라 부모는 성경과 그 원리들을 자녀들에게 가르치고 그들이 보는 앞에서 실제 삶으로 보여 주어야 합니다. 성경을 읽어 주고 또한 그들 스스로 성경을 공부하도록 가르쳐야 합니다.

악이 가정의 오락거리로 위장해 들어오지 않도록, 판타지가 현실을 밀어내지 않도록, 시간 낭비에 불과한 게임이 가장 좋아하는 활동이 되지 않도록 가정에서 재미삼아 하는 오락이 무엇인지 꼼꼼하게 살펴야 합니다. 좋은 영화, 건전한 인터넷 사이트, 교육적인 활동으로 유해하고 공허하며 어리석은 오락과 활동이 발붙이지 못하게 해야 합니다.

그러나 집안의 일이 아닌 경우에는, 이 막중한 일을 감당하고 마음의 인격을 형성하게 도와줄 신뢰할 만한 사람이 필요합니다. 마치 이사회처럼, 다른 중요한 개인들이 우리 자녀들의 인생에 영향을 미치고 습득한 지혜를 함께 나눌 수 있도록 힘을 실어 주어야 합니다.

예를 들어, 자녀들이 주일에 먼 곳에 가서 목사님과 사역자들을 잠깐 보고 집에 돌아오는 데서 그치게 하지 말고, 여러 목회자와 그 가족들을 종종 집으로 초대함으로써, 자녀들이 그들과 함께 음식을 먹으며 풍성한 대화 가운데 참여하도록 도와줄 수 있습니다. 성공적으로 자녀들을 기른 다른 부모와 조부모들을 초청하여 자녀들의 인생에 유익한 영향을 끼치도록 할 수도 있습니다.

또한 교회나 학교에서 자녀들을 가르치는 담당 선생님이 누구인지도 잘 살펴보아야 합니다. 그들과 되도록 자주 대화하고 그들을 위해 기도하여야 합니다. 그들이 선한 영향력을 발휘하여 다음 세대에 믿음과 도덕성과 견고한 교훈을 불어넣을 수 있도록 중보해야 합니다.

자녀들이 관심을 갖고 있는 분야가 있다면, 그 분야에 전문적 재능과 지식을 가진 사람들을 찾아보아야 합니다. 자녀들과 만나 줄 수 있는지, 그들이 일하는 현장을 방문할 수 있는지, 혹은 자녀들의 재능을 확인해 줄 기회를 얻을 수 있는지 알아보아야 합니다.

어떻게 하면 좋은 친구를 고르고 어리석은 친구를 피할 수 있는지 가르쳐야 합니다. (잠언 13장 20절과 고린도전서 15장 33절을 자녀들과 함께 암송하면 좋습니다.) 자녀들의 또래 친구들, 그리고 그 가족들과 안면을 트도록 노력해야 합니다. 자녀의 친구들을 초청해서 그들의 대화를 들어보고, 그들이 어떤 사람인지 확인하며, 대화와 활동이 건강한 방향으로 흘러가도록 이끌어 주어야 합니다. 자녀들이 현명하게 분별하고, 다른 사람에게 흔들리지 않는 강한 정신을 소유하며, 기꺼이 악을 버리고 선을 따르도록 훈련해야 합니다.

여기에는 약간의 의도적인 계획이 있습니다. 자녀들은 당신이 부정적인 것을 차단하고 경건한 사람들의 목소리, 견실한 가르침, 강력한 영감이 되는 환경을 얼마나 의도적으로 조성하고 있는지 알아차리지 못할 수도 있습니다. 그러나 당신이 현명한 다양한 동역자들과 힘을 합한다면, 혼자서 애쓸 때와는 비교할 수 없을 정도로 놀라운 사랑의 성취를 이룰 수 있음을 알게 될 것입니다.

자녀들을 영향력의 강에 둔다고 생각해 보십시오. 알다시피 강은 수많은 작은 시내들이 중요한 지점에서 합류하여 일정한 방향으로 흘러가는 세찬 물줄기를 만들어 낼 때 생깁니다. 당신의 사랑으로 자녀들은 그런 강을 타고 바다를 향해 흘러갈 수 있습니다. 당신이 자녀들의 인생에 개입하여 많은 사람들과 경험을 공유하게 하고 훌륭한 코치와 멘토들을 소개함으로 생긴 강을 타고 인생의 바다로 나아갈 수 있습니다.

성경은 "복 있는 사람은 악인들의 꾀를 따르지 아니하며 죄인들의 길에 서지 아니하며 오만한 자들의 자리에 앉지 아니하고"(시 1:1)라고 말합니다. 그러나 자녀들이 이런 부정적인 세력을 피하도록 훈련하는 데서 그치지 않고, 그들을 용감하고 경건하며 성실한 사람들과 연대하게 함으로 지혜롭고 목적의식이 분명한 사람들과 함께할 기회를 제공하면서, 정직하고 존경받는 덕성을 지닌 이들과 인생의 항해를 함께해 나가도록 한다면 어떻게 되겠습니까?

이와 같은 계획은 가족들이 "악에게 지지 않고 선으로 악을 이기도록"(롬 12:21) 하는 데 큰 도움이 될 것입니다.

앞으로 자녀들을 위해 1년 동안 구입하고 싶은 기독교 양서, 음악, 영감을 주는 영화 목록을 만들어 보십시오. 그리고 자녀들의 지혜와 지식을 성장시킬 수 있는 영향력 있는 목록을 준비하기 위해 노력하십시오. 이번 주에 이 중 일부를 구입해서 자녀들에게 선물로 주십시오.

☐ 오늘의 수업을 완수했으면 여기에 표시하십시오

- 자녀들의 도서 목록을 만들 때 생각난 책들은 무엇입니까?
- 자녀들의 잠재력이 최대한 발현되도록 이 책들을 어떻게 사용할 계획입니까?

지혜로운 자와 동행하면 지혜를 얻고 미련한 자와 사귀면 해를 받느니라. (잠 13:20)

Day 32

사랑은 미리 준비합니다

부지런한 자의 경영은 풍부함에 이를 것이나.

잠 21:5

사랑은 즉각적인 행동을 요구할 때가 많습니다. 문제가 생깁니다. 갈등이 불거집니다. 하루의 계획이 예상과 다르게 흘러갑니다. 그럴 때 우리는 즉각적으로 상황에 대응합니다. 자녀들이 위기를 만난 것을 보면 그 문제를 해결하기 위해 신속하게 개입합니다.

그러나 사랑은 또한 신중하게 고민합니다. 미리 생각하고 전략적으로 준비해서 혹시 있을지 모를 부정적인 결과를 최소화합니다. 사랑은 인생의 각종 화재가 가족들을 삼키게 두고 보지 않습니다. 화재 감지기와 스프링클러를 미리 설치합니다.

자녀들이 겪게 될 문제들 중에는 아직 그들의 관심 밖에 있는 문제들도 많습니다. 그러나 언젠가는 그 문제들과 맞닥뜨릴 날이 올 것입니다. 그런 날이 올 때 자녀들은 부모의 사랑으로 그들이 이미 준비되어 있다는 사실을 알아야 합니다. 부모가 너무 늦지 않았기를 바라며 비행기에서 뒤따라 뛰어내리는 대신, 낙하산을 미리 마련해 두었다는 것을 알아야 합니다.

우리는 자녀들이 단순히 상황에 대응하는 수준이 아니라 미리 준비되어 있기를 원합니다. 아무것도 모른 채 당하지 않고, 혼란스러워하지 않으며, 확신에 차 있기를 바랍니다. 막연히 추측하지 않고, 어느 길로 가야 할지 알고 있기를 원합니다. 그러므로 우리는 새로운 인생의 계절과 중대한 전환기가 오기 전에, 자녀와 마주 앉아 앞으로 생길 일들을 설명하고 지금의 어린 머리로는 이해가 되지 않는 일들을 미리 납득시키는 기회를 찾아야 합니다.

이런 준비들이 가정의 중대한 일들을 중심으로 이루어져야 할 수도 있습니다. 예를 들어, 어린 자녀는 장례식이 어리둥절하고 이해가 되지 않을 것입니다. 사람들은 울고 있고 영정사진이 보입니다. 영구차를 타고 무덤으로 갑니다. 이런 일련의 일들은 소중한 누군가를 잃은 고통과 관련이 있으며, 죽음과 애도에 관한 난생 처음 보는 실제 이미지일 것입니다.

그러나 이런 시간은 자녀들과 함께 성경을 펴고 대화를 나눌 수 있는 아주 좋은 기회이기도 합니다. 왜 죽음이 인생의 일부인지 설명하고, 예수님이 그분을 믿는 모든 이들을 위해 죽음을 이기도록 이미 성취하신 일을 알려 줄 수 있는 최적의 시간입니다. 장례식을 보며 사후에는 어떤 일들이 있는지, 그리고 그들은 어떻게 준비해야 하는지를 말해 줄 수 있습니다. 사랑은 자녀들이 충격을 받은 채 혼란스러운 감정과 원치 않는 기억들로 힘들어하도록 내버려 두지 않고, 그들의 마음과 생각이 정리될 수 있도록 도와줍니다.

신랑과 신부가 턱시도와 웨딩드레스로 갈아입고 뜨거운 키스를 나누는 결혼식 역시 자녀들과 대화할 수 있는 좋은 기회가 됩니다. 이때는 장례식과 달리 훨씬 행복하게 앞으로 진행될 일에 대해 이야기할 수 있습니다. 어떻게 축하를 해야 하는지, 결혼이 낭만적인 사랑과 새로운 가정을 세우기 위한 하나님의 계획인 이유는 무엇인지 말해 줄 수 있습니다.

전통적인 통과의례들 역시 이런 대화의 기회들로 삼을 수 있습니다. 예를 들어, 자녀가 열두 살이 되면 부모는 자녀를 축복하고 어른이 되는 첫발을 내디뎠음을 공식적으로 인정하는 시간을 가져야 합니다. "앞으로 네 몸에는 변화가 생길 거란다. 십 대 시절을 잘 보내는 비결을 알려 줄게."

열아홉 살이 되면 자녀들이 운전자로서 주의해야 할 사항과 관련 법규를 배우도록 도와주고, 늘어난 자유를 잘 관리하도록 준비시켜야 합니다. 생일 파티를 하거나 좋아하는 식당에서 근사한 저녁 식사를 즐기는 것 이상으로, 이런 순간들은 마땅히 축하해야 할 중요한 순간입니다. 사랑은 특별한 저녁이나 주말 시간을 계획하여 자녀와 일대 일로 만남으로써 그들이 앞으로 다가올 미래를 준비하도록 돕고, 함께 대화하며 격려하는 시간을 가질 것입니다.

이런 인생의 전환기들 외에 자녀들이 잘 준비하도록 꼭 도와주어야 할 시간들이 있습니다. 사춘기, 첫 직장 생활, 졸업, 독립, 결혼

등이 여기에 해당합니다. 부모가 회피하기 쉬운 특정 주제들이 있을 것입니다. 그러나 사랑은 자녀들이 올바른 결정을 내리고, 도덕적 결단을 하며, 앞으로 만날 유혹과 기회와 도전에 그리스도인답게 건강한 방식으로 대응하는 데 필요한 모든 것을 준비하도록 도와줄 누군가가 필요함을 알고, 자녀들의 미래의 안녕에 전적인 관심을 기울입니다.

순결과 성에 대한 하나님의 계획에 대해 대화하는 것이 어떤 이들에게는 쉽지 않은 일일 수 있습니다. 그러나 사랑은 솔직하면서도 부드럽게 부담스럽지 않은 상황에서 민감한 문제들을 다룰 수 있는 환경을 어릴 때부터 조성합니다. 당신은 자녀의 또래 친구나 세상이 당신 대신 자녀들의 생각을 세뇌시키는 모습을 보고 싶지 않을 것입니다. 따라서 부모는 자녀들이 신체와 마음과 이성에게서 받을 수 있는 압력들에 대해 그들과 어떤 대화를 나누어야 할지 늘 주시하고 살펴야 합니다.

만약 진작에 했어야 할 대화를 너무 늦게 시작했다 하더라도, 너무나 중요해서 우연에 맡기거나 세간의 평판에 맡겨서는 안 되는 문제들은 자녀를 사랑하는 마음으로 지금부터라도 용감하게 다룰 수 있어야 합니다.

사랑은 자녀들에게 진리의 선물을 빚으로 지고 있습니다. 그들이 앞을 모르는 어둠 속으로 돌진하도록 방치하면서 최선을 희망하기보다, 우리가 살아온 인생과 통찰로부터 얻은 선물을 그들에게 주어야 합니다. 지혜와 하나님의 말씀이 어떻게 항상 자기 존중과 진정한 사랑으로 가는 훨씬 더 좋고 검증된 길을 알려 주는지 가르쳐 주어야 합니다.

이런 대화들은 다시 거론하지도 않거나 아예 없었던 것처럼 기억에서 지워 버리는 단회성 만남과는 다릅니다. 이런 대화들은 발전하고 진전이 있어야 합니다. 자녀가 지금은 너무 어려서 이해하거나 받아들이기 힘든 주제들도 있을 것입니다. 오랫동안 고민하고 대답해야 할 질문들을 할 수도 있습니다. 그러나 지금 다루는 문제가 자전거 보조 바퀴나 연애의 허용 범위에 관한 문제이든, 재정 관리에 관한 문제이든, 우리의 목표는 완수된 과제를 목록에서 지워 가는 데 있지 않고 자녀들의 가슴에 해마다 중요한 원리들을 새롭게 새겨 가는 데 있습니다. 자녀들이 모든 면에서 성공적인 인생을 살아가도록 준비시켜 주는 것입니다.

부모가 되면 인생의 염려를 잊은 채 즐거워할 수많은 순간을 자녀들과 함께 경험합니다. 밤새는 줄 모르고 게임을 했던 시간들, 함께 뒹굴며 놀았던 수많은 토요일, 행복했던 여름휴가…. 자녀들은 지난 시간을 돌아보며 부모가 선사한 즐거운 순간들을 기억하고 싶겠지만, 부모의 사랑은 자녀들이 부모가 옆에 앉아 조심스럽게 일러준 여러 설명과 교훈으로 준비되어 미래를 바라볼 수 있도록 해줍니다. 날아오는 화살을 무시하지 않고 자녀들이 검과 방패를 들도록 도와주는 부모가 되기를 바랍니다.

오늘의 부모수업

관계, 사춘기, 배우자에 대한 책무, 돈 관리 문제 등 자녀들과 함께 대화해야 하는 중요한 주제들을 목록으로 만들어 보십시오. 이런 주제로 대화를 나눌 적절한 시간을 계획해 보십시오. 그런 다음 그 시간을 준비하며 당신이 해야 할 숙제를 시작하십시오. 마지막으로, 지혜와 인도하심을 구하는 기도 시간을 가지십시오.

☐ 오늘의 수업을 완수했으면 여기에 표시하십시오

- 지금 자녀들이 대화할 준비가 된 주제는 무엇입니까?
- 잠시 기다려 주어야 하지만 잊어서는 안 되는 대화의 주제는 무엇입니까?

돋우고 돋우어 길을 수축하여 내 백성의 길에서 거치는 것을 제하여 버리라. (사 57:14)

Day 33

사랑은 축복합니다

여호와는 네게 복을 주시고 너를 지키시기를 원하며
여호와는 그의 얼굴을 네게 비추사 은혜 베푸시기를 원하며.
민 6:24-25

자녀 양육의 큰 기쁨 중 하나는 누군가 탄생하는 순간부터 그 사람을 알고 사랑할 기회를 누릴 수 있다는 것입니다. 부모는 자녀들이 경이로운 눈으로 세상을 탐색하는 모습을 지켜보는 행운을 누릴 수 있습니다. 몸이 자라고 인간관계가 넓어지는 모습을 눈으로 볼 수 있습니다. 계절이 바뀌면서 하루가 다르게 달라지는 모습을 바로 눈앞에서 볼 수 있습니다. 그들이 성장해 가는 모습을 보는 행운을 누리는 것입니다.

그러나 자녀들이 하나님이 창조하신 본연의 모습이 되도록 하는 숨겨진 핵심 열쇠는 부모의 영향력입니다. 부모는 조작이나 강요가 아니라, 하나님이 심으신 씨에 정성스럽게 물을 주는 방식으로 이런 영향을 미칠 수 있습니다. 자녀들을 축복함으로 이런 영향을 미칠 수 있습니다.

그렇다면 축복이란 정확히 무엇일까요? 자녀가 자라서 실패자가 되기를 바라는 부모는 없습니다. 사랑은 모든 자녀가 건강하고 행복하기만을 바랍니다. 한 자녀도 빠짐없이 그들을 향한 하나님의 최선의 뜻이 이루어지기를 바랍니다. 축복은 자녀들을 향한 이런 사랑의 소망을 다루는 하나님의 방법으로, 이 소망이 막연한 희망사항에서 끝나지 않고 미래에 실제로 이루어지도록 하는 것을 말합니다.

누군가를 축복한다는 것은 실제로 '안녕을 빌다'라는 뜻입니다. 하나님께 받은 권위를 사용해 부모가 자녀들을 있는 그대로 인정해 주고, 앞으로 성공적인 인생을 살도록 격려하고 독려하는 것입니다.

축복할 때 해주는 힘 있는 말과 소원에서 한 걸음 더 나아가 기도와 칭찬을 해주십시오. 하나님은 모세에게 이스라엘 자손들을 축복하는 법을 대제사장들에게 가르치도록 명령하셨습니다. "'주님께서 당신들에게 복을 주시고, 당신들을 지켜 주시며, 주님께서 당신들을 밝은 얼굴로 대하시고, 당신들에게 은혜를 베푸시며, 주님께서 당신들을 고이 보시어서, 당신들에게 평화를 주시기를 빕니다.' 그들이 나의 이름으로 이스라엘 자손에게 이렇게 축복하면, 내가 친히 이스라엘 자손에게 복을 주겠다"(민 6:24-27, 새번역).

하늘의 아버지이신 하나님은 자기 백성들을 위해 축복에 관한 일종의 표준을 만드셨습니다. 하나님이 그들을 용납하시고 지지하심을 언어로 확인해 주고, 그들에게 예상되는 미래를 생생한 그림처럼 그려 주며, 그 말씀을 현실로 실현하고자 그분 자신과 그분의 자원을 투자하는 것입니다.

성경은 역동적인 축복으로 가득합니다. 태초에 하나님은 최초의 남자와 여자에게 생육하고 번성할 책무를 맡기심으로 그들을 '축복'하셨습니다(창 1:28). 하나님은 아브라함과 이삭과 야곱을 축복해 주셨고, 그들은 그들의 자녀들을 축복했습니다. 특별히 야곱은 열두 아들을 각기 '그 사람의 분량대로' 축복했습니다(창 49:28). 성경에 나오는 사람들은 종종 어린 자녀들 머리에 손을 얹거나 사랑으로 품에 안으며 축복해 주곤 했습니다(창 48:14; 눅 2:28; 막 10:16).

하나님은 축복을 통해 자기 백성들이 남에게 유익을 끼치며 믿음과 섬김의 삶을 살도록 끊임없이 격려하셨을 뿐 아니라, 소망과 평강과 명예로운 삶을 살도록 독려하셨습니다. 하나님의 축복으로 그들은 포기하지 않고 앞으로 나아가며, 확신을 새로이 다지고, 기초를 견고히 할 힘을 얻었습니다. 영적인 번영이라는 목적을 향해 나아가기 위한 전략적인 위치에 설 수 있었습니다.

예수님이 세례를 받으셨을 때 하늘에서 목소리가 들려왔습니다. "너는 내 사랑하는 아들이라 내가 너를 기뻐하노라"(막 1:11). 성부 하나님은 자기 아들을 공개적으로 인정하시고 축복해 주신 다음, 곧바로 성령을 보내어 충만하게 하심으로 그의 미래의 성공을 보장해 주셨습니다(눅 3:22). 이 놀라운 경험으로 예수님은 지상 사역 기간에 하늘 아버지의 뜻을 온전히 성취하실 수 있었습니다.

많은 아이들은 (심지어 다 자란 성인들도) 부모에게서 사랑과 인정의 말을 듣기를 갈망하지만, 실제로 그 갈망이 충족되는 경우는 그렇게 많지 않습니다. 하지만 단순히 "너는 내 딸(아들)이야. 나는 너를 정말로 사랑해. 네가 너무나 좋고, 네 삶에 하나님이 허락하신 가장 좋은 것들이 가득 넘치기를 바라고 기도한단다"라고 말해 주는 것만으로 그들의 인생을 영원히 바꿀 수 있습니다. 미래의 날개를 펴고 날아가도록 이상적인 환경을 조성할 수 있습니다.

또한 자녀의 재능이나 인격이 성숙하도록 격려하는 방법으로 축복을 할 수도 있습니다. 가령 다음과 같이 말할 수 있습니다.

"네가 훌륭한 ~이 되는 모습을 보고 싶구나."

"네가 가진 능력과 장점이라면 아마 ~할 수 있을 거야."

"너의 재능과 열정이 참 놀랍구나."

그런 다음, 구체적인 노력을 기울여 말로 빌어 준 축복이 실제로 이루어지도록 도와주십시오. 기도로, 격려로, 원하는 분야에서 뛰어난 사람들을 소개해 줌으로 축복이 이루어지게 지원하십시오. 그들이 성공하는 데 필요한 기회와 자원들을 제공해 주십시오. 대학 전공과목을 미리 결정하거나, 그들의 직업을 미리 계획하라는 말이 아닙니다. 때가 되면 그 문제들을 잘 결정하도록 하나님께서 그들을 인도해 주실 것입니다. 그러나 지속적으로 자녀들을 격려하고 응원한다면, 인생을 항해할 때 순조로이 앞으로 나아가도록 새로운 순풍을 계속해서 공급할 수 있을 것입니다. 당신의 축복으로 자녀들은 자기 자신을 하나님이 선택하신 계획의 일부이며, 자기 세대에서 하나님이 이루실 사역의 일부로 바라볼 수 있을 것입니다. 하나님이 왜 그런 재능을 선물로 주시고, 구체적인 기회들을 허락하시며, 그들에게 "그가 만드신 바라 그리스도 예수 안에서 선한 일을 위하여 지으심을 받은 자니 이 일은 하나님이 전에 예비하사"(엡 2:10)라고 하시는지 더 중요한 이유를 확인할 수 있을 것입니다.

부모의 축복이 자녀들의 가슴에 차곡차곡 스며들수록, 자녀들은 건강하지 못한 대상으로부터 인정받고자 하는 필요를 느끼지 않고 성장해 갈 수 있습니다. 그러므로 자녀들에게 주저하지 말고 마음껏 축복해 주기 바랍니다. 하나님이 그들을 통해 어떤 놀라운 일을 이루실지 늘 기대하도록 비전을 보여 주어야 합니다. 그들이 어떤 이들의 인생을 변화시킬 수 있을지, 어떤 변화를 만들어 낼 수 있을지, 어떤 축복의 통로가 될 수 있을지 소망을 품도록 해야 합니다.

오늘의 부모수업

자녀들에게서 보이는 자질과, 하나님이 인도하시고 채워 주시는 대로 따라가도록 격려하는 내용을 종합하여 각각의 자녀들을 위한 특별한 축복의 글을 써 보십시오. 가족이 한자리에 있을 때 소리 내어 읽어 주십시오. 하나님이 그들의 생애에 그들을 위해 세우신 완벽한 계획을 이루어 주시도록 기도하십시오.

☐ 오늘의 수업을 완수했으면 여기에 표시하십시오

- 당신의 축복에 자녀들은 어떤 반응을 보였습니까?
- 어떻게 해야 관찰한 내용을 계속 보강하고, 자녀들이 스스로의 잠재력을 최대한 발휘하도록 이끌 수 있겠습니까?

그들을 데리고 내 앞으로 나아오라 내가 그들에게 축복하리라. (창 48:9)

Day 34

사랑과 결혼

> 아내를 얻는 자는 복을 얻고 여호와께 은총을 받는 자니라.
> 잠 18:22

자녀들이 아직 성년이 되지 않았다면 당신은 그들의 결혼에 대해 그렇게 많이 생각하지 않았을지도 모릅니다. 그러나 부모는 자녀들의 나이와 상관없이 자녀들의 마음을 단련하고 미래의 가족들을 위해 기도하는 것을 중요한 우선순위로 삼아야 합니다. 이 일에 너무 이른 때란 절대 없습니다. 언젠가 신앙심 깊은 훌륭한 배우자를 만나고, 또 스스로도 그런 배우자의 자질을 갖추도록 그들을 보호하며 준비시켜 주시도록 하나님께 꾸준히 기도해야 합니다.

우리는 누구나 배우자를 결정하는 문제가 얼마나 중요한지 알고 있습니다. 부부 관계가 인생의 전체 궤도에 어떻게 특별한 영향을 미치는지 알고 있습니다. 결혼으로 평화와 기쁨과 축제의 천국이 시작될 수도 있고, 고통과 제약이 따르는 수십 년 간의 지옥이 시작될 수도 있습니다.

결혼은 행복의 시작일 수도 있고 불행의 시작일 수도 있습니다. 이것은 기본적으로 신명기 7장이 결혼에 대해 서술하고 있는 내용입니다. 하나님은 자기 백성들에게 자녀들을 제대로 훈련하라고 명령하신 후, 그들의 아들과 딸들이 우상을 섬기는 주변 민족들과 통혼하지 말도록 경고하셨습니다. 하나님을 모르는 미련한 배우자들이 그들의 거룩을 무너뜨리고, 경건한 세대들이 오랫동안 물려 준 유산에서 이탈하도록 할 수 있음을 아셨습니다. 그래서 자기 백성들에게 이 중요한 명령을 신실하게 고수하고, 그들과 그들의 자녀들이 하나님의 언약적인 사랑의 축복을 계속 누릴 수 있도록 하라고 엄히 명령하셨습니다. 그래야 그들의 가정과 가족들이 형통케 하시는 하나님의 복을 누릴 수 있고, 굶주림과 위험으로부터 보호받을 수 있으며, 성결하고 거룩한 삶으로 하나님을 만족케 해드릴 수 있다고 하셨습니다. 그들이 하나님의 명령을 무시한다면 그들의 자손들은 결국 망하고 말 것입니다. 가정이 무너지고 꿈이 무너지고 결국 비극적인 파국을 맞이할 것입니다.

지난 세기들은 이 진리를 더욱 확인시켜 주었습니다. 솔로몬 왕은 당대에 가장 지혜로운 사람이었지만, 하나님이 금하신 이방 여자들과 결혼함으로 결국 하나님을 향한 믿음을 저버리게 되었고, 그의 가문은 왕조를 계속 잇지 못하게 되었습니다(왕상 11:1-13).

솔로몬과 여러 사람들이 깨달았던 것처럼, 신자들이 불신자들과 '멍에를 함께 메면' 필연적으로 마찰과 갈등이 생기게 됩니다

(고후 6:14). 서로 대적하는 주인을 섬기고 정반대 방향으로 달려가기 때문입니다. 그러므로 이러한 관계들을 경계하고 자녀들이 건강하고 성숙한 그리스도인들과 결혼하도록 돕지 않는다면, 그들의 마음과 미래를 도둑맞게 될 것입니다.

어떤 결혼이든 미래 세대의 믿음과 화합이라는 문제가 걸려 있습니다. 그러므로 부모의 사랑은 이 문제에 개입해야 합니다. 미리 말입니다.

자녀의 결혼을 미리 준비하기 위해서는 먼저 기도가 필요합니다. 지금부터라도 아들이 성장하여서 잠언 31장의 현숙한 여인을 구하며 그런 여인과 결혼할 수 있도록 기도를 시작하기 바랍니다. 딸이 시편 112편의 남자와 사귀고 결혼할 수 있도록 기도를 시작하기 바랍니다. 그들이 이성의 겉모습이나 눈에 보이는 매력만 보지 말고, 하나님을 사랑하고 경외하며 무엇보다 그분을 신실하게 섬기는 순수하고 지혜로우며 정직한 배우자를 구하도록 훈련해야 합니다(잠 31:30).

여기서 더 나아가, 자녀들이 거룩한 결혼에 이르도록 마음을 준비시키기 위해서는 또 다른 노력이 필요합니다. 바로 거룩한 순결함을 지키도록 하는 것입니다. 말로 가르칠 뿐 아니라 몸소 본을 보여 주어야 합니다.

청소년기에 성욕을 절제하지 못하고 성적으로 문란해지면, 건강하고 성실한 결혼 생활을 영위할 수 없습니다. 오히려 결혼 생활을 시작하기도 전에 그 가치를 스스로 무시하고 무너뜨릴 것입니다(살전 4:1-7). 우리는 자녀들에게 진정한 사랑은 오래 참으며, 하나님의 가장 좋은 것을 추구하고, 미래의 부부 침상뿐 아니라 타인의 명예도 보호해 주어야 한다는 것을 가르쳐야 합니다(히 13:4). 도덕적으로 타협한다면 하나님이 기뻐하시지 않을 뿐 아니라, 계속 나쁜 사람들과 더 어울리게 되고, 마음속에는 죄책감과 수치심이 점점 쌓여 가게 될 것입니다.

스스로 주체하기 어려운 강렬한 감정이 휘몰아칠 때가 찾아올 것입니다. 그럴 때 사랑은 자녀들을 말씀으로 이끌고(딤후 2:22), 오직 하나님을 섬기는 데 다시 집중하도록 붙잡으며(고전 7:32-35), 하나님이 최고를 주실 때까지 스스로의 몸과 마음을 지키도록 도와줌으로(고전 6:9-20; 잠 4:23) 그들이 최선을 다해 인내하며 순결을 지키도록 응원합니다.

그러나 이것으로 끝이 아닙니다. 먼저 부모가 직접 모범을 보임으로 분위기를 조성해야 합니다. 당신은 남편과 아내로서 서로를 사랑하며 존중하고 있습니까? 서로를 용서해 주며 오래 참고 온유함으로 대합니까? 서로를 아끼고 소중히 여김으로 자녀들에게 한 여자를 어떻게 사랑하는지, 한 남자를 어떻게 존중하는지, 이성을 어떻게 대해야 하는지 보여 주고 있습니까?

사랑의 중요한 역할 중 하나는, 어떠한 결혼 생활도 완벽할 수는 없지만, 모든 결혼 생활이 사랑으로 가능하다는 사실을 자녀들에게 보여 주는 것입니다. 우리의 결혼 생활도 당연히 예외는 아닙니다. 싱글이거나, 아니면 이혼했다 하더라도, 당신은 자녀들에게 기대하는 사랑과 성결함과 성실함의 성경적인 기준을 삶으로 살아내며 독려할 방도를 찾아볼 수 있습니다.

자녀들이 출가해서 우리 품을 떠나면, 부모로서 우리가 해야 할 일은 직접적인 훈육에서 새롭게 가정을 꾸리고 독립한 사실을 존중하며 간접적으로 지원하는 방식으로 옮겨가야 합니다. 그들을 격려하고, 기도해 주며, 요청을 받을 때 조언을 해줄 수는 있습니다. 그러나 '떠나서 연합하여' 새롭게 '한 몸을 이룬' 가정이 화합의 꽃을 피울 수 있도록 자녀들에게 여지를 주어야 합니다. 간섭하거나 직접 문제를 해결해 준다면 오히려 방해가 될 뿐이며, 부부간의 불화와 당신을 향한 분노의 씨앗만 심어 줄 뿐입니다.

하지만 성경은 그들이 준비가 되기까지 "내 사랑이 원하기 전에는 흔들지 말고 깨우지" 말라고 젊은이들에게 반복해서 재촉합니다(아 2:7; 3:5; 8:4). 자녀들이 순수함과 존엄을 지키도록 기도하며, 그들에게 가르친 것을 기억하고 실천하도록 돕고, 결혼 적령기가 되기 전에 미성숙한 이성 관계를 경계하도록 해야 합니다. 이런 행동은 어린 자녀들이 성결함을 지키도록 도우며, 그들이 훌륭한 배우자를 만나 건강한 결혼 생활을 유지하도록 하기 위해 꼭 취해야 할 신중한 사랑의 조치라 할 수 있습니다.

오늘의 부모수업

적절한 사람과 결혼하는 것이 왜 중요한지 자녀들과 대화해 보십시오. 오늘 그들의 미래 배우자를 위해 구체적으로 기도하고, 하나님이 그들의 순결을 지켜 주시고 신앙 안에서 자라가게 해주시도록 기도하십시오. 자녀들이 이미 결혼한 상태라면 견고하고 친밀하며 사랑이 넘치는 결혼 생활이 지속되게 해달라고 기도하십시오.

☐ 오늘의 수업을 완수했으면 여기에 표시하십시오

- 자녀들은 당신에게서 어떤 격려를 받았습니까?
- 자녀의 배우자가 어떠한 자질을 갖추고 있기를 기도하고 있습니까?

그들로 젊은 여자들을 교훈하되 그 남편과 자녀를 사랑하며 …
너는 이와 같이 젊은 남자들을 신중하도록 권면하되. (딛 2:4, 6)

Day 35

사랑은 진리 안에서 기뻐합니다

공의를 굳게 지키는 자는 생명에 이르고.
잠 11:19

하나님을 사랑하고 신앙적 덕목을 삶으로 실천하는 자녀의 모습을 볼 때처럼 우리 가슴이 흥분되고 고양되는 일은 별로 없습니다. 진실하고 사려 깊은 친구임을 보여 주고, 권위를 존중하며, 겸양을 실천하는 모습을 보면 뿌듯한 기쁨으로 벅차오릅니다. 성숙하게 처신하며 지혜와 온유함이 몸에 배인 그들의 모습에서 큰 보람을 느낍니다.

자녀들이 하나님이 원하시는 뜻과 일치하는 태도와 행동을 보여 줄 때, 그것에 대해 우리가 얼마나 기쁘게 생각하는지 주저하지 말고 그들에게 꼭 알려 주어야 합니다. 실제로 성경의 진리대로 살아가고 있을 때, 이타적이고 남을 섬기는 마음으로 자기를 희생하는 모습을 보일 때 우리가 그 사실을 다 알고 보고 있음을 자녀들은 알아야 합니다. 우리는 그런 그들의 모습을 흔쾌히 칭찬해 주고 격려해 주어야 합니다.

사도 요한은 "내가 내 자녀들이 진리 안에서 행한다 함을 듣는 것보다 더 기쁜 일이 없도다"(요삼 4절)라고 말했습니다. 그는 하나님의 자녀들이 경건과 성결과 신실함을 추구하며, 타협하지 않고 냉소로 흐르지 않을 때 기뻐했습니다. 그것이 하나님을 기쁘게 해 드리고, 주어진 소명을 완수하며, 삶의 참 기쁨과 성취를 얻는 유일한 길임을 알았습니다. 축복과 성장과 형통함의 길에서 이탈하지 않고 이런 우선순위들을 지키는 그들의 모습이 보는 것보다 더 기쁜 일은 없었습니다.

사랑은 "진리와 함께 기뻐합니다"(고전 13:6, 새번역). 자녀들이 그리스도인의 성품으로 성장해 가고, 믿음을 지키며 섬김과 봉사의 수고를 기꺼이 떠맡을 때, 성경은 부모가 기뻐해야 한다고 말합니다. 경기에서 우승을 할 때나, 학업 성적이 우수할 때나, 직장에서 승진할 때 이상으로 축하하고 기뻐해야 합니다.

사도 바울은 성도들의 믿음과 영적 성장에 대한 보고를 받고 나서, 그 기쁨을 종종 교회에 보내는 편지에서 표현하곤 했습니다(살후 1:3-4). 부모인 우리 역시 자녀들이 인격적으로나 신앙적으로 성숙한 모습을 보일 때 이렇게 특별히 인정해 주며 떠들썩하게 칭찬해 주는 데 열성을 기울여야 합니다.

자녀들의 어떤 모습을 볼 때 가장 자랑스럽고 즐겁습니까? 야구장에서 홈런을 날렸을 때입니까? 영어 시험에서 만점을 받았을 때입니까? 아들이 아침에 기도하고 성경을 읽을 때, 혹은 딸이 믿음을 표현하거나 동생을 용서해 줄 때도 그렇게 감동하고 흥분합니까?

부모는 자녀들의 인생에 가장 큰 영향력을 미치는 사람들입니다. 자녀들은 자신을 적극적으로 칭찬해 주는 사람의 마음을 기쁘게 하고자 노력할 것입니다. 당신은 이런 영향력을 이용해 자녀들이 하나님을 경외하도록 이끌어 왔습니까?

텔레비전 채널이나 쇼핑 몰을 둘러보면 사람들이 사랑하고 중시하는 것은 무엇인지, 그들이 '기뻐하는' 것은 무엇인지 한눈에 확인할 수 있습니다. 바로 허영입니다. 물질과 성적 쾌락과 자기중심성입니다.

마치 모든 사람이 손에 대본을 가지고 다니는 것 같습니다. 우리 모두 어떤 역할을 가지고 있는 것 같습니다. 우리는 어떻게 생각하고 옷을 입어야 하는지, 어떤 일에 관심을 보이고 기대해야 하는지, 돈과 시간을 어디에 써야 하는지 계속해서 듣습니다. 누구라도 다른 대본을 읽거나 다른 소리를 내기로 결정하면 조롱을 당하거나 외면당하기 십상입니다. 고립되고 무시당할 수 있습니다.

자녀들이 하나님과 동행하도록 격려한다는 것은 어떤 의미에서는 문화적 조류를 일부러 거슬러 올라가도록 요구하는 것과 같다는 것을 잊어서는 안 됩니다. 겉으로 드러나는 화려함이 밤을 지배하고 내면적인 인격은 거의 빛을 보지 못하는 세상에서 자녀들이 성결함을 지키고 진리를 위해 살아가고자 애쓴다면, 그들은 시대에 뒤떨어진 고리타분한 사람으로 낙인찍히게 될 것입니다. 따라서 만약 자녀들이 삶으로 하나님께 영광을 돌리고 부모에게 배운 대로 살고자 한다면, 어떤 이들에게는 인정을 받겠지만 어떤 이들에게는 오해와 조롱을 받을 것입니다.

신실함과 선함과 자기희생의 길을 용감하게 걸어가는 자녀들을 항상 인정하고 칭찬해야 하는 이유가 여기에 있습니다. 부모가 뒤에서 지지하고 삶으로 모범을 보여 줌으로 힘을 실어 줄 때, 그들은 이 세대를 본받지 말고 오직 마음을 새롭게 함으로 변화를 받으라는(롬 12:2) 성경의 도전을 훨씬 더 쉽게 이루어 낼 수 있을 것입니다.

하나님 아버지의 사랑과 그들 뒤에 있는 부모의 사랑을 확인할 때, 그들은 "인자로 말미암아 사람들이 너희를 미워하며 멀리하고 욕하고 너희 이름을 악하다 하여 버릴 때에는 너희에게 복이 있도다 그 날에 기뻐하고 뛰놀라 하늘에서 너희 상이 큼이라"(눅 6:22-23)라는 사실을 더욱 확신하며 흔들리지 않을 것입니다. 부모의 지지와 열정으로 용기를 얻으면, 그들은 잠시 있다가 사라질 이 세상의 쾌락과 즐거움에서 돌이켜 영원하고 신성한 세계를 향해 나아갈 것입니다(골 3:1-2).

자녀들은 우리를 가장 열렬한 응원단으로 믿을 수 있어야 합니다. 그들에게는 고개를 떳떳이 들도록 해주고, 악을 미워하고 선을 선택할 때(롬 12:9) 칭찬해 줄 부모가 필요합니다. 우리는 우리 자녀들을 죄를 미워하고 하나님을 사랑하며, 자신이나 사회 문화의 잘못된 점에 대해 이야기할 수 있고, 그럼에도 여전히 용감하게 "먼저 하나님의 나라와 그 의를 찾는"(마 6:33) 이들로 양육해야 합니다.

우리는 부모로서 조언을 하거나 개인적인 기쁨을 드러냄으로 자녀들을 충분히 사랑해야 합니다. 그래서 그들이 순종과 진리가 주는 축복을 사모하는 법을 배우도록 해야 합니다. 세상이 무엇을 요구한다 하더라도, 하늘의 '유일한 청중'을 기쁘게 하는 것에 그들의 마음과 소망이 집중되도록 자녀들을 훈련해야 합니다.

그들이 하나님의 말씀을 신실하게 삶으로 실천하는 것을 볼 때 기뻐하십시오. 그들의 영혼이 함께 기뻐하며 즐거워하도록 큰 소리로 오래도록 기뻐하십시오. 그렇게 함으로 우리는 자녀에게 응원의 박수를 보내는 하늘의 축하에 함께 참여하게 될 것입니다.

성실한 근로 윤리, 예배하기를 사모하는 마음, 이타적인 마음과 같은 경건의 덕목이 자녀들에게 보이는지 확인하고, 이 자질을 직접 행동으로 실천하도록 힘을 줄 성경 구절을 찾아보십시오. 가족이 모두 한자리에 모였을 때 찾은 구절을 읽어 주거나 암송해 주고, 왜 이 구절을 알려 주는지 이유를 말해 주십시오.

☐ 오늘의 수업을 완수했으면 여기에 표시하십시오

- 자녀의 어떤 자질에 주목했습니까?
- 어떻게 그 자질을 칭찬해 주었습니까?
- 오늘의 수업을 위해 갈라디아서 5장 22-23절, 빌립보서 2장 3-5절, 골로새서 3장 12-14절을 읽어 보십시오.

주께서 너희 마음을 인도하여 하나님의 사랑과 그리스도의 인내에
들어가게 하시기를 원하노라. (살후 3:5)

Day 36

사랑은 모든 것을 견딥니다

> 사람이 자기의 아들을 안는 것같이 너희의 하나님 여호와께서
> 너희가 걸어온 길에서 너희를 안으사.
> 신 1:31

만약 당신이 지금의 자녀들처럼 어렸을 때 했던 모험들을 되돌아본다면, 사랑과 친절을 베풀지 못하고 책임을 지는 데 실패했던 시간들이 기억날 것입니다. 약속을 지키는 데 소홀하거나, 침착하게 올바른 판단을 내리지 못한 적도 있을 것입니다. 실수이든 혹은 의도적이든, 당신은 명백히 잘못된 일들을 저질렀습니다. 그리고 이런 저런 식으로 결국 대가를 치렀습니다.

성경은 이에 대해 이렇게 말합니다. "스스로 속이지 말라 하나님은 업신여김을 받지 아니하시나니 사람이 무엇으로 심든지 그대로 거두리라"(갈 6:7).

그러나 당신이 부모 슬하에 있었을 때를 한번 생각해 보십시오. 부모의 사랑이 거부당하는 대가를 치른 적이 있습니까? 특별히 어떤 잘못으로 부모님을 대놓고 거역한 적이 있다면 그런 생각이 들었을 수도 있습니다. 부모님의 인내심을 끊임없이 시험하여, 더 이상 참기 힘들게 만들었을 수도 있습니다. 사실이든 아니든, 당신이 지금 당면한 문제는 '자녀들이 잘못할 때 어떻게 반응할 것인가'입니다. 성경은 모든 것을 견디라고 말합니다(고전 13:7). 사랑은 인내합니다. 자녀들의 선택으로 인해 큰 고통을 받고 낙담하게 된다 해도 마찬가지입니다.

사탄은 자녀들이 잘못된 길로 가도록 늘 유혹할 것입니다. 우리가 그랬던 것처럼 자녀들 역시 자신들의 인간적인 연약함과 약점으로 힘들어할 것입니다. 때로 미묘한 유혹에 흔들릴 수도 있습니다. 하나님의 말씀이 전체 이야기를 알려 주고 있음을 다 이해하지 못하고, 마음과 결정을 하나님께 모두 맡기지 못한 채 갈등할 수도 있습니다.

그럴 때 자녀들을 향한 우리의 사랑은 좋을 때만 함께 웃음을 나누는 수준에 불과한지, 아니면 부모를 거스르고 반항하여 마음이 상하고 고통받을 때에도 여전히 그들과 함께할 정도로 변함이 없는지 드러나게 됩니다. 화를 내며 자녀들로 인해 우리가 치르고 있는 대가에만 집중하겠습니까? 아니면 사랑으로 힘을 내어 자녀들을 회복시키고 잘못에서 돌이키게 하는 데 집중하겠습니까? 사랑으로 그들을 용납하고 견디겠습니까?

자녀들의 실수나 잘못을 포용하고 용납하고 있습니까? 미숙하고 불완전해도 넉넉한 마음으로 품어 주고 있습니까? 길을 잃고 방황하더라도 사랑과 용서와 흔들림 없는 응원과 지지를 보내 줄 것이라는 믿음을 자녀들에게 심어 주고 있습니까?

부모는 자녀들에게 큰 영향을 미칠 수 있지만, 그들이 올바른 믿음의 길로 가도록 강요할 수는 없습니다. 당신이 아무리 좋은 부모라고 해도 당신의 아들이나 딸은 여전히 부모에게 반항하고 거역할 수 있습니다.

심지어 하나님도 자신이 택한 백성들에 대해 "내가 자식을 양육하였거늘 그들이 나를 거역하였도다"(사 1:2)라고 말씀하셨습니다. 후에는 "너희가 즐겨 순종하면 땅의 아름다운 소산을 먹을 것이요 너희가 거절하여 배반하면 칼에 삼켜지리라"(사 1:19-20)라고 경고하셨습니다.

자녀들은 시험을 받고 그 행동의 쓰라린 결과를 삼킬 수밖에 없을 때 인생의 매우 중요한 교훈을 배울 것입니다. 이럴 때는 그들이 지은 죄의 결과에서 신속하게 건져 주는 것만이 항상 능사는 아닙니다. 그런 행동은 하늘의 아버지로서 전략적으로 징계의 매를 때리시는 하나님의 뜻을 거스르는 행동일 수도 있습니다(히 12:5-6). 흔히 부모들은 어리석게 끼어들어 자녀가 흘린 오물을 대신 치워 줌으로 하나님이 자녀들에게 가르치고자 하시는 교훈을 자기도 모르게 중간에서 낚아채는 경우가 너무나 많습니다.

그렇다면 화를 내며 징계할 때는 언제이고, 긍휼히 여기며 자비를 베풀 때는 언제입니까? 성경은 "하나님이 교만한 자를 물리치시고 겸손한 자에게 은혜를 주신다"(약 4:6)라고 말합니다. 겸손,

이것이 열쇠입니다.

예수님은 하나님 아버지의 심정을 설명하시기 위해, 당돌하게 미리 자기 몫의 유산을 요구하고 아버지의 재산을 탕진한 후 결국 빈털터리가 되어 돼지 먹이를 먹는 신세가 된 방탕한 아들의 이야기를 들려주셨습니다. 그의 아버지는 일방적으로 그를 건져 주지 않았습니다. 아직 교만하게 스스로를 신뢰할 때는 그대로 버려두었습니다. 하지만 정신을 차린 아들이 스스로를 낮추고 집으로 돌아가자, 기쁘게 그를 맞아 주었습니다. "아직도 거리가 먼데 아버지가 그를 보고 측은히 여겨 달려가 목을 안고 입을 맞추니"(눅 15:20).

거지 몰골로 돌아온 아들을 본 아버지는 잔소리를 하는 대신에 아들의 겸손하고 상한 마음을 알고 이렇게 말했습니다. "제일 좋은 옷을 내어다가 입히고 손에 가락지를 끼우고 발에 신을 신기라 … 우리가 먹고 즐기자 이 내 아들은 죽었다가 다시 살아났으며 내가 잃었다가 다시 얻었노라"(눅 15:22-24).

예수님은 이 놀라운 이야기를 통해 우리를 긍휼히 여기시는 하나님 아버지의 마음을 알려 주셨습니다. 우리도 마땅히 이런 마음을 품어야 합니다.

하나님은 자신이 택한 자녀들에게 끊임없이 손을 내밀고 다가가셨습니다. 방임하시지 않고, 흔들림 없는 견고한 사랑으로 포기하지 않고 그들에게 다가가셨습니다. 하나님은 은혜로 그들의 허물을 덮어 주시고 큰 자비를 베풀어 주셨습니다. 그들에게는 언제라도 돌아갈 집이 있었습니다. 그들의 집은 바로 하나님의 품이었습니다.

사랑은 이렇게 말합니다. "보석금을 주고 감옥에서 너를 빼내어 주지는 않겠지만 감옥으로 너를 찾아갈 것이고, 네가 정신을 차리고 집으로 돌아오면 기꺼이 기쁨으로 품에 안아 줄 거란다."

자녀들이 거역하고 반항할 때 부모의 마음은 찢어지게 아플 것입니다. 심한 분노와 혼란에 빠질 수도 있습니다. 그러나 궁극적으로 부모의 사랑은 '모든 것을 견딜' 수 있게 합니다. 마음이 상해서 더 독한 마음을 먹는 것이 아니라, 흔들림 없는 사랑으로 계속해서 진실을 말해 주고 하나님께로 돌아올 때까지 포기하지 않습니다. 중보자들의 군대를 소집하고 자녀들을 위해 하늘과 땅을 흔드는 기도를 드립니다. 어쩌면 하나님의 구원과 자비를 바라기 전에 먼저 하나님의 징계를 구해야 할 수도 있습니다. 그러나 그들이 정신을 차리고 돌아올 때, 사랑은 문 밖에 서서 두 팔을 활짝 벌리고 그들을 안아 주어야 합니다.

지금 방황하며 혼란을 겪고 있는 자녀가 있다면, 변함없이 사랑하며 기도하고 지지한다는 짧은 편지를 써 보십시오. 자녀들 각자에게 다가가 어떤 일이 있더라도 변함없이 사랑할 것이라고 확실하게 이야기해 주십시오. 오늘 어떤 도움이 필요한지 물어보십시오.

☐ 오늘의 수업을 완수했으면 여기에 표시하십시오

- 자녀의 어떤 모습이 지금 당신의 사랑을 가장 시험하고 있습니까?
- 지금까지는 못 했지만 앞으로 사랑으로 해야 할 일은 무엇입니까?

◇◇

광야에서 약 사십 년간 그들의 소행을 참으시고. (행 13:18)

Day 37

사랑은 꿈을 이루어 줍니다

내가 너희 영혼을 위하여 크게 기뻐하므로 재물을 사용하고.
고후 12:15

하나님은 아낌없이 사랑을 베푸시는 분입니다. 넘치도록 주시기를 기뻐하십니다. 조금도 아까워하지 않고 부어 주십니다. 성경은 하나님이 우리에게 은혜를 넘치게 부어 주셔서(엡 1:8) 우리로 풍성한 생명을 얻고 더 풍성히 누리도록 하셨다고 말합니다(요 10:10).

하나님은 예수님의 제자 된 우리 역시 그와 같이 넘치는 사랑을 베풀어야 한다고 요구하십니다. 부탁받은 것 이상으로 베풀고, 오 리를 가자고 하면 십 리를 가 주며, 기대에 넘치게 들어주라고 말씀하십니다(마 5:39-45). 하나님께서는 자원하며 즐겨내는 자를 기뻐하시고(고후 9:7) 순수한 기쁨으로 아낌없이 베푸는 자들을 기뻐하신다고 성경은 말합니다.

지금 자녀들을 한명 한명 생각해 보십시오. 그들이 진심으로 갖고 싶어 하거나, 하고 싶어 하는 일은 무엇입니까? 간절히 알고 싶어 하고, 체험해 보고 싶어 하는 것은 무엇입니까? 만나고 싶어 하는 사람은 누구입니까? "정말 최고예요"라고 주저 없이 말하게 할 일은 무엇입니까?

해서는 안 되거나 조심해야 하는 일을 주지시키는 것만이 자녀 양육의 전부는 아닙니다. 당신의 아들이나 딸이 전혀 기대하지 못했거나 절대 해주지 않을 것이라고 생각했던 것 한 가지를 당신이 갑자기 해준다면 어떤 반응을 보일지 상상해 보기 바랍니다.

한푼 두푼 모아서 자녀에게 선물로 주었을 때 부모의 사랑에 감동해서 어쩔 줄 몰라 할 예상치 못한 선물은 무엇입니까? 자전거? 트램펄린? 인형? 자동차? 뜻밖의 가족 여행을 위해 데려갈 수 곳은 어디겠습니까? 놀이 공원? 캠핑 여행? 열기구 비행?

사랑은 때로 사치가 필요합니다. 사랑하는 이를 위해 아낌없이 내어 줄 필요가 있습니다. 꼼꼼히 따져 본 뒤 관용의 수문을 활짝 열어 제치고 순수한 기쁨으로 누군가에게 예기치 못한 축복의 선물을 주는 것이 필요합니다. 상식은 원한다고 다 줄 수는 없다고 말합니다. 예산이나 시간에는 한계가 있습니다. 그러나 자녀들이 원하는 것이 모두 고가의 비용이 들어가는 것은 아닙니다. 기쁨은 저마다 다른 얼굴의 모양과 크기를 갖고 있습니다.

아직 유치원에 다니는 딸은 좋아하는 음식을 점심으로 먹고 놀이터에서 함께 놀아 주기만 해도 근사한 하루를 보냈다고 생각할지 모릅니다. 십 대 아들은 공원에서 공을 받아 주기만 해도 좋아

할지 모릅니다. 방을 깨끗이 청소해 주거나 토요일 오후에 근사한 레스토랑으로 데려가는 것만으로 딸의 마음은 행복감으로 벅찰 수 있습니다. 현실적으로 할 수 있는 일이 무엇인지 생각해 보기 바랍니다.

장기적인 투자는 어떻습니까? 자녀의 마음속에는 전능하신 하나님이 심어 주신 일생의 꿈과 갈망이 있습니다. 언젠가 그들만의 재능과 야망을 최대한 발휘하고 싶은 원대한 포부와 열정이 있습니다. 아마도 매일 이 꿈들을 생각하지는 않겠지만, 그 꿈을 이룰 미래를 생각할 때 그들의 마음은 벅찬 희망으로 날아오를 것입니다. "만약에 말이에요….""알고 싶은 게 있는데요….""언젠가 하고 싶은 게 있어요…." 기억을 더듬어 보면 자녀들이 이런 마음의 열정을 그동안 계속 드러내고 표현했던 것을 확인할 수 있을 것입니다. 한 살씩 나이를 먹어갈수록 이런 관심들은 더 전문적인 탐험 분야로 구체화되었을 것입니다. 그 분야를 공부할 때는 시간 가는 줄을 모릅니다. 그 분야에서 더 유능한 사람이 되고 싶어 합니다. 그 분야에 대해 기회가 날 때마다 이야기합니다.

당신은 아마 이야기만 해도 너무나 흥분되어서 눈빛이 빛나고 목소리가 떨리는 꿈과 열정을 자녀들에게서 확인하였을 것입니다. 가령 새로운 경기를 하거나, 악기를 연주하거나, 단기선교를 가거나, 언젠가 영화감독이 될 거라고 이야기할 때 그들의 얼굴에서 열정을 보았을 것입니다.

아홉 살밖에 되지 않은 자녀를 올림픽 육상 선수로 키우려고 혹독한 훈련을 시키는 부모, 끝없는 캠프와 경연으로 재능을 키우고 연주 목록을 개발하도록 여름 방학에 쉴 틈을 주지 않는 부모처럼 극단적인 부모들도 일부 있습니다. 모든 부모가 이런 수준까지 자녀를 지원할 수도 없고, 또 해서도 안 되겠지만, 사랑은 자녀들이 꿈을 포기하지 않도록, 부모의 지원이 없어서 천천히 희망을 잃어가다가 결국 자포자기하는 일이 생기지 않도록 채근합니다. 사랑은 우리의 시간과 관심을 요구하는 많은 일들을 계산하여 투자를 결정합니다. 하나님이 그들 안에서 일으키신 열정이 사그라들지 않고 더욱 왕성하게 타오를 수 있도록 우리가 할 수 있는 일을 구체적으로 결정합니다.

예수님은 제자들에게 "오직 너희를 위하여 보물을 하늘에 쌓아 두라 … 네 보물 있는 그곳에는 네 마음도 있느니라"(마 6:19-21)라고 교훈하셨습니다. 그러나 지금 우리 지붕 아래 그 '하늘의 보화'가 있다면 어떻게 하겠습니까? 언젠가 하늘에서 그 영으로 하나님과 영원히 함께 살게 될 아들과 딸이 바로 하늘의 보화입니다. 자녀들과 그들의 꿈을 위해 시간과 돈을 아끼지 않고, 위험을 마다하지 않으며, 정성을 다하는 우리의 노력을 영원한 의미를 지닌 투자로 만들지 않을 이유가 무엇이겠습니까?

이렇게 하면 자녀들을 망치는 길이라고 말할 사람들도 있을 것입니다. 실제로 자녀들이 이기적인 요구를 하거나 부모의 사랑을 당연한 권리처럼 행사할 때 그대로 방치한다면 이러한 우려는 당연할 것입니다. 그러나 우리에게는 아낌없이 베푸시되(롬 8:32) 주어서는 안 된다고 생각하신 것은 지혜롭게 거부하시는 하늘 아버지가 계십니다. 만약 자녀들의 부탁이나 요청을 거부하는 경우가 다반사이고 그 이상의 가능성을 거의 생각하지 않고 있다면, 우리는 하나님 아버지처럼 우리 자녀들을 사랑한다고 할 수 없습니다.

특별한 방법으로 자녀들에게 사랑의 감동을 선사하면 어떻게 될지 상상해 보기 바랍니다. 기대에 넘치도록 놀라운 배려와 호의를 베풀어 보기 바랍니다. 당신에게는 그리 대수롭지 않게 여겨지는 일이라 해도, 그 일을 통해 당신은 자녀들의 마음을 헤아리고 깊은 교감을 나눌 수 있을 것입니다.

자녀들의 열망과 꿈에 관심을 가져야 합니다. 어떻게 하면 합리적인 수준에서 자녀가 그 꿈을 이루도록 도울 수 있는지 알아보아야 합니다. 그리고 하늘 아버지의 넘치는 사랑이 어떤 것인지 생생하게 보여 주어야 합니다.

자녀가 감동할 특별한 선물이나 경험을 선사하기 위해 시간이나 돈을 투자할 계획을 세워 보십시오. 열렬한 관심을 보이는 분야에 열정을 집중하도록 격려하십시오. 틀에 얽매이지 말고 아낌없이 후원하며, 꿈을 이루기 위해 끝까지 도전하고 노력하도록 도와주십시오.

☐ 오늘의 수업을 완수했으면 여기에 표시하십시오

- 어떤 영역이 떠올랐습니까?
- 그 깜짝 선물을 어떻게 창의적으로 전할 수 있겠습니까?

어린아이가 부모를 위하여 재물을 저축하는 것이 아니요
부모가 어린 아이를 위하여 하느니라. (고후 12:14)

Day 38

사랑은 자유를 줍니다

지금 내가 여러분을 주와 및 그 은혜의 말씀에 부탁하노니.
행 20:32

"이러므로 남자가 부모를 떠나 그의 아내와 합하여 둘이 한 몸을 이룰지로다"(창 2:24).

성경에서 '부모'라는 단어는 이 구절에서 처음으로 등장합니다. 그리고 놀랍게도 가족의 하나 됨을 이야기하지 않고 가족의 분리를 이야기합니다. 아들은 가정이라는 안식처를 떠나 아내와 합하여 한 몸을 이루어야 합니다. 이 동일한 과정은 세대를 통해 계속해서 반복적으로 진행되어야 합니다.

자녀를 품에서 떠나보내야 하는 시간은 보통 우리가 예상한 것보다 훨씬 빨리 찾아옵니다. 자녀의 보호자라는 당연한 감정은 자녀들이 자라서 독립하고 떠나는 것을 지켜보면서 점차 혼란스러운 감정으로 바뀌어 갑니다. 매일 사랑을 확인해 주고, 필요한 것을 준비해 주며, 자녀의 미래를 위해 투자했던 지난 세월들…. 세발자전거, 보조 바퀴, 두발 자전거를 사 주고, 자동차, 그리고 이제는 후미등까지 준비해 두었는데….

시간은 해가 뜨면 흩어지는 안개처럼 흘러갑니다. 차가운 공기에 따뜻한 숨을 내쉴 때 생기는 입김처럼 허무하게 흘러갑니다. 부모는 용기를 내어 흔쾌히 자녀들의 인생의 다음 시기로 걸음을 내디뎌야 합니다. 사실 부모 역시 자녀들이 자라지 않고 어린 상태로 영원히 우리를 의존하며 살기를 바라지는 않습니다. 그러나 실제로 자녀들이 우리 곁을 떠나면 마음 한 구석이 텅 빈 것처럼 그리워할 것이 분명합니다.

자녀들이 우리 품을 떠날 때가 오고 있다는 생각이 들면 가슴 한편이 시리게 아려옵니다. 크리스마스나 생일 때, 학년이 올라갈 때마다 이런 생각이 자신도 모르게 문득 스치고 지나갑니다. 언제나 그 시간은 이전보다 더 가까워지고 있습니다. 우리가 감정적으로 대처할 준비를 하거나, 그 사실을 받아들이려고 하는 것보다 항상 더 가까이 있습니다.

여러 면에서 이것은 자녀를 키우는 부모로서 당연히 해야 하는 일입니다. 이런 날에 대비해 자녀를 준비시켜야 합니다. 그들은 부모의 통제에서 벗어나 어엿한 성인으로서 스스로를 책임지며 날개를 펴고 세상과 미래를 향해 날아가야 합니다. 그동안 자녀를 키우며 부모로서 행했던 대부분의 일은, 자녀들이 부모에게 의존하지 않고 독립적으로 사고하고 생활하며 결국 부모의 품을 떠나도록 가르치는 데 있었음을 알아야 합니다.

그러므로 사랑은 이 단계까지 나아가야 하며, 머뭇거리며 주저하다가 우리의 의무를 저버리지 않도록 주의해야 합니다. 이런 일을 계속 미리 생각해야 하며, 자녀가 나이를 먹어갈수록 자녀에게 최선이 되는 것을 선택하여 그들이 하나님의 가장 좋은 것을 누리도록 해야 합니다. 사랑은 매일의 정해진 일과와 주간 계획에 열중하다가 이 모든 수고와 노력들이 결국 우리와 자녀들을 어디로 데려가는지 고민하는 수고를 망각하는 우를 범하지 않습니다. 사랑은 크고 멀리 바라보며 이런 장기적 시야를 활용하는 데 주저함이 없습니다.

특별히 자녀들이 십 대로 접어들면, 그들이 감당할 수 있는 선에서 조금씩 의도적으로 새로운 수준의 특권과 책임을 맡길 필요가 있습니다. 더 어려운 과제를 주고, 더 힘든 일을 맡겨야 합니다. 자유를 더 허용하여야 합니다. 물론 자유를 누릴 판단력과 성숙함이 있을 때 이렇게 해야 하지만, 신중하게 자유를 허용하며 균형을 이룬 건강한 해방감을 맛보게 해야 합니다.

사랑은 자녀가 해야 할 일까지 대신 해주지 않고, 스스로 할 수 있는 일은 스스로 하도록 기회를 줍니다. 자녀들이 두려워하며 주저한다 하더라도 기회를 빼앗지 않고, 실패의 부작용을 최소화하며 인생을 살아가는 데 필요한 기술을 배우도록 안전한 환경에서 어느 정도의 위험을 감수하도록 합니다. 우리의 도움이 없이는 아무것도 할 수 없다고 생각하게 만들어서는 안 됩니다. 부모를 떠날 준비를 제대로 하게 해야 합니다.

예수님은 달란트 비유로 이 원리를 가르치셨습니다. 현명한 주인은 종들에게 각기 투자할 돈을 나누어 주었습니다. 그들이 다룰 수 있으리라 생각되는 액수의 돈을 각자에게 맡겼습니다. 그리고 나중에 돌아와 맡긴 돈을 영리하고 신중하게 관리한 사람들에게는 더 많은 돈으로 아낌없이 보상을 해주며 이렇게 말했습니다. "네가 적은 일에 충성하였으매 내가 많은 것을 네게 맡기리니 네 주인의 즐거움에 참여할지어다"(마 25:21).

예수님 역시 사역하실 때 매우 의도적으로 제자들이 미래에 대비하도록 하셨습니다. 요한복음은 빨간 색으로만 표시된 장이 무려 4장이나 됩니다. 전체 요한복음의 20퍼센트에 육박하는 분량으로(14-17장), 전부 앞으로 일어날 일과 예수님이 그들 곁을 떠나신 후 어떻게 해야 할지를 제자들에게 가르치는 내용입니다.

예수님은 분명하게 지시하시고 격려하셨습니다. 사랑을 약속하시고 성령께서 늘 함께할 것이라고 약속하셨습니다. 그들이 준비되었다는 확신을 주시고, 그들에 대한 신뢰를 확인해 주셨습니다. 그리고 하나님께 그들을 보호해 주시며, 성공하게 하시고, 세상에 영향을 미치게 해달라고 간절히 기도하셨습니다.

사랑은 장기적인 안목으로 자녀들에게 투자할 수 있는 특별한 권리를 부여합니다. 우리는 그들의 인생에 앞으로 어떤 일들이 기다리고 있으며, 우리가 그들을 어떻게 준비시키고 있는지 분명히 알려야 합니다. 스스로의 힘으로 설 수 있는지 확인할 때 함께해 주겠다고 약속해야 합니다. 도달하고자 하는 기준을 제시하고, 우리가 그들을 지켜보고 응원을 보내며 언제라도 더 많은 기회를 줄 준비를 하고 있음을 알려야 합니다. 그런 다음, 그들에게 진정으로 필요한 것은 언제나 그들의 안내자와 상담자가 되어 주시는 하늘 아버지를 계속 의지하는 경험임을 알고, 마치 오늘이 마지막 날인 것처럼 기도해야 합니다. 이런 경험은 그들 스스로의 자신감과 성취감보다, 그리고 부모의 그 어떤 지원보다 훨씬 더 중요합니다.

자녀를 품에서 떠나보내는 것은 매우 어려운 일입니다. 그러나 부모로서 꼭 해야 하는 일입니다. 우리는 그들이 잘 준비하도록 도와주어야 합니다. 사랑으로 그들을 지원하는 데는 한계가 없습니다.

자녀들에게 더 맡길 책임이나 특권은 없는지 생각해 보십시오. 허용의 범위와 기대하는 바와 요구되는 성실함에 대해 분명하게 알려 주십시오. 자녀들이 성장하였거나 이미 독립한 상태라면 오늘 전화를 걸어 사랑하며 신뢰한다고 말해 주고, 그들의 노력하는 모습이 자랑스럽다고 알려 주십시오.

☐ 오늘의 수업을 완수했으면 여기에 표시하십시오

- 자녀들에게 어떤 책무를 맡겼습니까?
- 그들은 어떻게 그 책무를 받아들였습니까?
- 이 일을 더 자주 하기 위해서는 어떤 도움이 필요합니까?

◇

아버지께서 나를 세상에 보내신 것같이 나도 그들을 세상에 보내었고 (요 17:18)

Day 39

사랑은 절대 낙심하지 않습니다

―――❦―――

내가 영원한 사랑으로 너를 사랑하기에.
렘 31:3

부모라는 역할로 인해 이전에는 전혀 이해할 수 없었을 사랑의 일면을 이제는 이해할 수 있게 되었습니다. 힘들게 낳은 아이를 품에 안고 길렀습니다. 자녀들의 상처와 두려움을 안아 주고 키스해 주면서 다독이고 진정시킨 적도 많았습니다. 생각지도 못한 기발한 표현들에 즐거운 웃음을 터뜨렸고, 몸을 날려 일촉즉발의 사고에서 자녀를 구하기도 했습니다. 따라다니며 뒷정리를 해주고, 철마다 신발과 옷을 사서 입히고 먹였습니다. 잠자리에 들기 전에 기도를 해주고, 침대 옆에 마실 물을 가져다 놓은 적도 헤아릴 수 없이 많았습니다.

이상하게도 한때는 자신이 자녀를 정말로 원하는지 확신이 서지 않는다고 생각한 적도 있었습니다. 자식을 가질 준비가 제대로 되어 있는지 스스로도 알지 못했을 것입니다. 하지만 지금 자신이 얼마나 변했는지 보십시오. 얼마나 그들을 가슴 깊이 사랑하는지 확인해 보십시오.

그러나 이렇게 사랑한 자녀가 당신을 외면하고 당신의 사랑을 거부한다면 어떤 마음이겠습니까? 갑자기 돌변해서 당신을 한사코 밀어낸다면 어떻게 하겠습니까? 당신의 사랑을 오해하고, 간섭이 지나치고 비현실적이며 일방적이라고 비난한다면 어떤 생각이 들겠습니까? 당신의 연약함과 실수에 과민하게 반응하며 당신의 사랑을 아예 받아들이지 않으려 한다면 어떻게 하겠습니까? 당신을 믿으려고 하지 않고, 의지하려고도 하지 않으며, 그들의 인생이나 일에 간섭하는 것도 싫다고 한다면 어떻게 하겠습니까? 너무나 많이 어긋나서 더 이상 이전의 모습은 찾아보기 어려울 정도가 되었고, 그들이 성장해 가는 모습을 보는 기쁨을 완전히 상실하게 되었다면 어떻게 하겠습니까?

하나님의 언약적인 사랑을 표현하기 위해 성경에서 가장 많이 사용하는 단어는 '인애'입니다. 그것은 신실한 사랑, 끝없는 사랑입니다. 횟수의 제한이나 용도의 제한이 없는 사랑입니다. 시간과 공간을 초월한 사랑, 풍성하고 흔들림이 없는 사랑입니다.

이 세상은 하나님의 인자하심으로 충만해서(시 33:5) 그 인자하심이 하늘까지 닿을 정도입니다(시 36:5). 그분의 사랑은 밤낮으로 연주되는 노래처럼(시 42:8) 영원하여(대상 16:34) 우리 평생에 정녕 함께할 것입니다(시 23:6). "하나님을 찬송하리로다 그가 내 기도를 물리치지 아니하시고 그의 인자하심을 내게서 거두지도 아니하셨도다"(시 66:20). 하나님의 사랑은 절대 실패하지 않습니다.

또한 그 사랑은 하나님이 사랑하시는 이들의 마음에 위로와 확신을 줍니다. 늘 그 사랑을 필요로 하거나, 원하거나, 심지어 항상 믿지 않을지 몰라도, 그럼에도 불구하고 그 사랑으로 인해 항상 축복을 누립니다.

하나님은 지금도 여전히 거룩하시고 성별되신 분입니까? 그렇습니다. 경외하고 두려워해야 할 전능하신 하나님이십니까? 경홀히 여김을 받지 않으시는 분입니까? 당연히 그렇습니다.

그러나 하나님의 사랑은 변함이 없으며, 우리는 항상 그 사랑을 의지할 수 있습니다(시 13:5). 결코 흔들리지 않으므로 우리가 흔들리지 않도록 지켜 줄 수 있습니다(시 21:7). 그분의 사랑은 우리가 언제라도 피해 숨을 피난처가 되며(시 36:7) 산성이 됩니다. 우리가 힘 있게 부를 노래이며(시 59:16), 우리는 그 사랑으로 인해 형통하고 성장하며 다시 소생할 수 있습니다(시 52:8).

따라서 우리는 하나님의 거룩한 눈과 공의를 피해 달아나지 말고, 그분에게로 늘 달려가야 합니다. 그분의 완전한 사랑은 떨리는 마음을 안고 아버지 되신 그분의 품에서 평강과 은혜를 누리도록 우리를 이끌어 줍니다.

이런 이유로 우리는 자녀를 양육하면서 스스로 너무나 연약하고 무력하다고 느낄 때마다 그분에게 나아가 자녀들을 계속 사랑하도록 도와주실 하나님의 능력을 의지할 수 있습니다. 자녀들이 부모를 거역하거나 밀어낼 때, 하나님의 성령은 우리 스스로는 더 이상 견지하기 어려운 마음을 주실 수 있습니다. 결코 변하지 않고 끝나지 않는 사랑으로 우리를 채워 주시는 것입니다(롬 5:1-5). 그러므로 자녀들을 포기하지 않고 사랑하기 위해서는 자녀들에게서 삶의 기쁨을 얻으려고 애쓰기보다 하나님을 더욱 가까이하는 데 힘써야 합니다.

자녀들이 지금은 순수하게 신앙을 지키고 주님을 가까이하며 살고 있다 하더라도, 앞으로는 다양한 삶의 환경에서 힘들게 버둥거리다 넘어질 수도 있습니다. 그럴 때에 하나님은 호흡이 붙어 있는 한 부모인 우리가 자녀들에게 안정감을 주고 하나님의 사랑을 삶으로 보여 주기를 원하십니다.

자녀를 양육하는 것은 일생이 걸리는 장기적인 일입니다. 이번 장에서 사랑에 관해 인용한 거의 모든 성경 구절과 예시가 구약에서 인용한 것임을 주의해서 보기 바랍니다. 일부 사람들이 하나님의 분노와 심판만을 보았던 성경에서 인용한 것입니다. 그러나 당시에도 그분의 사랑은 여전히 압도적이고 실패를 몰랐습니다. 이제 예수님의 생애를 통해 육신이 되시고, 우리의 죄를 위해 자기를 제물로 드리셨으며, 그 십자가로 죽음의 저주를 이기신 그분의 사랑은 오늘까지 여전히 조금도 변함이 없으며 앞으로도 영원히 불변할 것입니다.

하나님은 우리에게 자녀들을 주시면서, 더불어 자기 자녀들을 향한 그분의 사랑이 어떠한지 맛볼 수 있는 기회도 주셨습니다. 그러므로 우리는 하나님의 사랑을 볼 때 우리가 본받아야 할 사랑의 모델을 볼 수 있습니다. 그 사랑은 사랑받는 사람의 행동이나 기질이나 태도에 달린 것이 아니라, 사랑하는 자에게 달려 있습니다.

자녀들을 향한 우리의 사랑은 약속입니다. 언약입니다. 선택받은 기회입니다. 시간이 흐르면 우리 자녀들의 필요도 달라지기 마련입니다. 우리 인생은 자녀들을 안고, 마음을 진정시켜 주고, 우리 사랑을 확인해 줄 수 있는 기회를 언제까지나 허용하지는 않을 것입니다. 때로 우리의 사랑은 멀리 떨어져 지켜보기를 요구할 때도 있습니다. 그리고 그것도 결국 사랑이었음을 증명해야 할 때도 있습니다.

본질적으로 사랑은 영원하기 때문입니다. 하나님의 사랑은 어제나 오늘이나 변함이 없습니다. 사랑은 절대 끝이 없습니다. 사랑하기를 절대 포기하지 않습니다. 우리가 하나님과 동행하는 한, 우리는 그 사랑을 자녀와 나눌 수 있습니다. 그분의 사랑은 절대 실패하지 않기 때문입니다(고전 13:8).

오늘의 부모수업

당신을 향한 하나님의 사랑을 잠시 묵상하는 시간을 가지십시오. 당신이 자녀들을 사랑하는 것보다 더욱 하나님은 그들과 당신을 사랑하십니다. 우리를 사랑하시는 하나님께 감사를 드리며, 매일 그 사랑을 본받도록 도와달라고 기도하십시오. 이번 주에는 자녀들에게 어떤 일이 있더라도, 어디에 있더라도, 무슨 일이 일어나더라도 변함없이 그들을 사랑할 것이라고 말해 주십시오. 하나님이 우리를 이렇게 사랑하시므로 우리도 자녀들을 이렇게 사랑해야 합니다.

☐ 오늘의 수업을 완수했으면 여기에 표시하십시오.

- 하나님이 당신과 가족에게 그동안 어떠한 사랑을 베풀어 주셨는지 써 보십시오.

지혜 있는 자들은 이러한 일들을 지켜보고
여호와의 인자하심을 깨달으리로다. (시 107:43)

Day 40

사랑은 유산을 남깁니다

네 일에 삯을 받을 것인즉 … 여호와의 말씀이니라.
렘 31:16

'완벽한 부모'는 없습니다. 다만 자녀들을 끝까지 사랑하는 선량한 어머니와 아버지가 있을 뿐입니다. 부모는 자녀의 젖니가 차례로 빠지고, 넘어져 멍이 들고 상처를 입어도, 헤아리기 어려울 정도로 수없이 점심 도시락을 싸 주며, 늦은 밤까지 숙제를 도와주고, 형제들끼리 싸울 때에도 끝까지 사랑을 놓치지 않습니다.

때로 우리는 마치 끝을 모르고 반복해서 돌아가는 쳇바퀴에 갇힌 듯한 생각이 들 수도 있습니다. 무사히 이 시기를 지나기를 바라며, 혹시 잘못될 세라 안간힘을 쓰며 버티고 있는 듯한 생각이 들 수도 있습니다. 그러나 사랑은 실제로 우리가 위대한 무엇인가를 만들고 있었음을 깨닫게 해줍니다. 바로 유산입니다.

그것은 강력한 가족의 유산, 우리 이후에도 계속될 수많은 세대에 대한 투자입니다. 밤에 자리에 누워 눈을 감으면 우리의 사랑은 그 유산을 마음으로 그리며 상상합니다. 미래 세대를 전사와 승리자로 성장시키고 그들이 앞으로 오랫동안 복을 누리는 모습을 상상합니다. 우리는 이 일을 매일의 희생과 희망에 부푼 꿈, 몸을 사리지 않는 수고로 조금씩 구체화해 갑니다.

그러나 이 모든 일은 사랑으로 이루어져야 합니다. 우리가 남길 유산의 핵심에는 사랑이 있습니다. 유산의 힘은 단순히 가문의 이름이나 자녀들에게 물려주는 DNA에 있지 않습니다. 사랑의 유산은 우리의 **지혜**를 통해 후세에 이어질 것입니다.

어쩌면 당신은 물려주어야 할 귀중한 유산이 그리 많지 않다고 생각할지도 모릅니다. 그러나 공들여 준비한 멋진 말이나 감동적인 연설에서 유산의 광맥을 찾아내는 경우는 별로 없습니다. 오히려 침대 곁에서, 온 가족이 둘러앉은 식탁에서, 함께 차를 타고 가며 일상적으로 나눈 대화에서 유산을 물려주게 될 것입니다. 위기의 순간에 자녀의 귀에 속삭여 준 말로 유산을 남기게 될 것입니다. 그리고 언젠가는 그 말이 당신의 손자 손녀들과 그 자식들의 귀에 다시 반복해서 속삭여지게 될 것입니다. 그들은 그 출처가 누구인지 모르겠지만 그 영향력을 느낄 것입니다. 그러므로 지금 당신의 생각을 하나님의 말씀으로 끊임없이 담금질하여 하나님처럼 생각하는 법을 배우고 그분의 진리가 당신의 경험과 기억으로 흘러나오도록 한다면, 당신의 자녀들은 미래 세대에 물려줄 진리를 품게 될 것입니다. 바로 이것이 당신이 물려줄 유산입니다.

또한 사랑은 **본을 보임**으로 세대로 이어질 수 있습니다. 가족들의 말다툼과 언쟁을 중재하고 시시비비를 가리는 것은, 모두를 진정시키는 데서 끝나지 않고 자녀들에게 오래 참고 멀리 내다보는 법을 가르쳐 주는 것입니다. 일찍 일어나서 기도하며 하나님의 음성을 들을 때, 당신은 믿음이 하루의 삶의 방향을 어떻게 이끌어 가는지 자녀들에게 알려 줄 수 있습니다. 어떤 특정한 순간에 최선의 옳은 것을 선택할 때, 어린 자녀들의 생각 가운데 도덕성이 뿌리내리도록 할 수 있습니다. 우리가 많은 실수와 잘못을 저지른다 해도 자녀들은 우리가 보여 준 바른 행동을 본받고 다음 세대에 그것을 물려줄 것입니다. 유산을 물려주는 것입니다.

또한 사랑은 하나님을 **예배함**으로 계속 이어질 수 있습니다. 자녀들은 인생을 살아가면서 돈과 인기와 쾌락과 같은 수많은 유혹을 만날 것입니다. 세일즈맨이나 정치인이나 구애자들이 저마다 자신을 선택해 달라고 주장하며 화려한 말로 그 이유를 설명할 것입니다. 자녀들은 스스로 결정할 수 있는 나이가 된다 하더라도 부모가 믿음으로 가슴 속에 심어 준 진정한 가치의 영향을 받을 것입니다. 부모가 하나님을 어떻게 사랑하고 예배했으며 그분의 뜻을 순종하고 존중했는지에 영향을 받을 것입니다. 사람의 생각이 아니라 하나님의 생각으로 정체성을 형성했던 부모의 모습에서 영향을 받을 것입니다.

우리는 바로 이런 식으로 유산을 물려줄 수 있습니다. 아직 유산을 물려주지 못하고 있다면 지금이라도 늦지 않았습니다. 세월이 흐른다 하더라도 당신은 자녀들이 선택하는 긍정적이고 건강한 걸음에 새로운 확신을 심어 주며, 언제나 그들의 마음을 지지하고 응원하는 목소리가 되어 줄 수 있습니다. 기꺼이 귀를 기울여 들어 주며 언제든지 필요한 조언을 제공하고, 그들이 자신의 지식과 경험으로 감당하기 어려운 결정을 내려야 할 때마다 지혜를 빌려 줄 수 있습니다. 뜻밖의 재정적인 도움을 주거나 지원을 해줌으로 자녀들의 짐을 덜어 주거나 위기에서 보호해 줄 수도 있습니다. 또한 계속해서 중보기도함으로 함께할 수 있습니다. 그리고 기회가 허락되고 형편이 허락하는 한, 손자 손녀들에게도 이 모든 일을 다시 해줄 수 있습니다.

이 모든 것은 매일 부모의 사랑을 통해 전해지는 사랑, 다시 말해 하나님의 사랑 덕분에 가능합니다. 언제든지 그 자리에 있는 사랑, 항상 그들의 마음 한편에 자리하고 있는 사랑, 언제나 확신과 애정과 자비로 확인되는 사랑 말입니다. 기저귀를 갈아 주고 유아용 의자에 앉혀 밥을 먹이면서 시작되었던 일이 평생의 사역과 사명이 되었습니다. 그것은 당신의 영향력을 미래 세대에까지 최대한 미칠 수 있는 극소수 분야 중 하나에 믿음과 자신을 투자하는 것입니다.

우리의 신체는 늙어 갈 것입니다. 우리가 입던 옷은 낡아져 입지 못하게 될 것입니다. 전에 일했던 직장은 새로운 직원들로 채워질 것입니다. 알고 지내던 지인들은 오래 전 기억을 떠올릴 일이 생길 때나 당신을 생각할 것입니다. 당신의 교회조차 새로운 교인들을 영접할 것이고, 당신이 없더라도 그 사역을 계속 이어나갈 것입니다. 그러나 당신의 인생과 영향으로 만들어 낸 파도는 사라지지 않고 계속 살아남아 자녀들의 마음과 생각과 믿음 가운데 파문을 일으키며 번져 갈 것입니다. 한 성경의 저자가 이렇게 기도한 이유가 여기에 있습니다. "하나님이여 내가 늙어 백발이 될 때에도 나를 버리지 마시며 내가 주의 힘을 후대에 전하고 주의 능력을 장래의 모든 사람에게 전하기까지 나를 버리지 마소서"(시 71:18).

그러므로 사랑을 이 한 곳으로, 더없이 소중하고 대체 불가능한 이 관계에 모두 쏟아 부어야 합니다. 그러면 당신은 자녀들을 통해 하나님을 찬양하고 세상을 축복할 수 있을 것입니다. 지금뿐 아니라 먼 세대에까지 말입니다.

궁극적으로 하나님이 당신에게 자녀를 주신 것은, 그들을 하나님께로 인도하고 직접 그분의 사랑과 길을 그들에게 보여 주기 위해서입니다. 저는 먼 영원의 어느 날 이 신성한 사명을 충성스럽게 감당하였다고 그분이 인정해 주실 것을 기대하며 이 책을 썼습니다. 그리고 그날에 하나님은 당신이 축복하고 천국으로 들어가도록 도운 수많은 세대들에게 당신을 소개해 주실 것입니다. 그때 우리는 그분의 영광을 눈으로 직접 보고 영원토록 그분의 영광을 누리게 될 것입니다.

이것이 부모들에게 주는 사랑의 도전입니다.

시편 71편 18절을 읽고 자녀들에게 유언장을 써서 후세대에게 전달할 수 있도록 하십시오. 신앙과 가치에 대한 생각, 그들에 대한 사랑, 언젠가 뒤에 남기고 갈 후세대들에게 하나님이 풍성한 축복을 베풀어 주시기를 바라는 소망을 내용에 포함시키십시오. 이 유언장을 자녀들에게 각기 하나씩 선물로 주고 당신의 인생과 사랑의 유산으로 남기십시오.

☐ 오늘의 수업을 완수했으면 여기에 표시하십시오

- 유언장을 자녀들에게 어떤 방법으로 전달해 주었습니까?
- 유언장을 자녀들에게 주면서 기대하고 기도한 내용은 무엇입니까?

후손이 그를 섬길 것이요 대대에 주를 전할 것이며. (시 22:30)

부록

부록 1. 성경은 체벌에 대해 어떻게 말하는가?
부록 2. 가족과 함께하는 시간을 최대한 확보하기 위한 12가지 방법
부록 3. 자녀들을 위해 기도하는 방법
부록 4. 기도의 자물쇠와 열쇠
부록 5. 하나님과 화평을 누리는 법
부록 6. 자녀들이 암송해야 할 성경 구절
부록 7. 자녀의 생각과 생활을 알아보기 위한 질문
부록 8. 생활 속의 하나님의 말씀

| 부록 1 | 성경은 체벌에 대해 어떻게 말할까요?

훈육은 자녀를 온전한 사랑으로 양육하는 데 있어 꼭 필요하고 중요한 부분입니다. 많은 부모가 체벌이 옳은지 의문을 품고 체벌을 꼭 해야 하느냐고 반문합니다. 관습과 생각과 경향은 나라마다 차이가 있겠지만, 훈육은 여전히 부모와 자녀와 하나님 사이의 문제입니다. 외부인들의 생각을 우리의 판단 근거로 삼아서는 안 되며, 우리 가정 내부의 결정과 행동은 외부인들이 아니라 하나님 앞에서 이루어져야 합니다.

슬프게도 어떤 부모들은 체벌을 극단적으로 악용하지만, 분명히 강조하고 싶은 것은 어떠한 훈육도 파괴적이어서는 안 되며, 정서적이고 영적이며 신체적인 학대로 이어져서는 절대 안 된다는 사실입니다. 그러나 정반대의 경우도 마찬가지입니다. 징계하지 않는 것도 간접적인 학대일 수 있고, 결과적으로 자녀들을 미워하는 행동일 수 있습니다.

결국 중요한 핵심은 균형입니다. 어떤 훈육이든 소기의 효과를 보기 위해서는 자녀들이 그것을 존중하고 진지하게 받아들여야 합니다. 그렇지 않을 경우 훈육은 무의미하며 자녀들은 부모의 지시를 무시할 것입니다. 따끔한 꾸지람이나 외출 금지나 과외의 숙제나 특권 중단이 가장 최선의 방책일 경우도 있지만, 성경은 필요한 경우 부모가 자녀에게 사랑의 매를 들기를 주저해서는 안 된다고 분명하게 말합니다.

히브리서 12장 5-11절은 징계의 올바른 목적을 설명하며, 하늘의 아버지이신 하나님이 세상의 아버지처럼 모든 자기 자녀들을 사랑으로 징계(체벌)하신다고 말합니다. 솔로몬 왕은 "아이의 마음에는 미련한 것이 얽혔으나 징계하는 채찍이 이를 멀리 쫓아내리라"(잠 22:15)라고 말했습니다. 잠언 23장 14절은 "네가 그를 채찍으로 때리면 그의 영혼을 스올에서 구원하리라"라고 말합니다.

성경에서 '채찍'이라는 단어는 실제로 작은 나무 가지나 갈대 줄기 같은 매를 말하는 것으로, 몸에 영구적인 상처를 입힐 수 있는 위험하고 큰 무기를 뜻하지 않습니다. 부모는 절대 자녀의 얼굴이나 머리를 때려서는 안 되고, 주먹으로 자녀의 신체를 때려서도 안 됩니다. 이런 행동은 아동 학대에 해당합니다. 체벌은 엉덩이를 때리는 것이 적당하며 소기의 목적을 거두기 위해 따끔할 정도로 짧게 때리되(잘못된 행동을 포기하게 하고, 부모의 권위를 확인할 정도로만) 절대 신체적으로나 정서적으로 자녀에게 상처를 남겨서는 안 됩니다.

많은 형태의 훈육이 체벌의 의미를 희석시키고 자녀의 마음에 분노와 적개심만 초래하지만, 부모의 체벌은 짧게 매우 효과적으로 몇 초 안에 끝나야 합니다. "매를 아끼는 자는 그의 자식을 미워함이라 자식을 사랑하는 자는 근실히 징계하느니라"(잠 13:24).

하지만 어떤 형태이든 체벌을 완전히 거부하는 사람들이 있습니다. 그러나 하나님의 말씀은 권위를 거역하고 자기가 한 행동의 결과를 무시하며 자라게 하기보다, 짧게 신체적 체벌을 가하는 것이 자녀에게 훨씬 유익하다고 말합니다. 어떤 재소자가 현재의 구금 생활을 어린 시절의 짧은 체벌로 바꾸는 것을 기뻐하지 않겠습니까?

사랑의 매는 자녀에게 해롭지도 않고 삐뚤어지게 하지도 않을 것입니다. 오히려 겸손하고 지혜롭게 한층 성장시키는 훈련의 계기가 될 것입니다. 그들의 잘못된 반항심을 꺾고, 부모와 앞으로 만날 다른 권위자들을 더욱 존중하게 할 것입니다. 심지어 부모와 자식 간에 더욱 친밀해지는 계기가 될 것입니다.

훈육의 형태와 정도는 자녀의 나이와 지적 성숙, 태도와 행동에 따라 결정됩니다. 어떤 훈육이든 납득할 만한 설명을 곁들여 신중하게 이루어져야 하며, 훈육이 끝나면 반드시 따뜻하게 위로하고 격려하며 필요한 조언을 해주어야 합니다. 절대로 격분한 상태나 화를 주체하지 못한 상태에서 체벌해서는 안 됩니다. 통제할 수 없을 정도로 화가 나 있다면 자녀를 다른 방으로 보낸 다음 마음을 진정시켜야 합니다.

부모는 훈육을 할 때 자녀의 마음 상태를 잘 살펴야 합니다. 얼마나 의기양양한 상태인지, 얼마나 반항적인지 살펴야 합니다. 어떻게 하면 진심으로 뉘우치고 돌이키게 하며 최고의 장기적인 효과를 낼 수 있을까요? 그들이 하나님의 권위를 기꺼이 존중하고 높이는 데 도움이 되는 방법은 무엇일까요? 세월이 흐른 뒤에도 그들이 하나님을 거역하지 못하도록 도울 최선의 방법은 무엇일까요? 내면의 덕성과 인격을 고양시키기 위해서는 어떻게 해야 할까요? 자녀들은 많은 설명과 인내심과 이해가 필요합니다. 무지해서 잘못을 저질렀다면 더 너그러이 참아주고 더 자세히 가르쳐야 합니다. 그러나 자녀가 충분히 설명을 듣고 알고 있음에도 계속 어리석은 행동을 하거나 거역한다면, 더 혹독하고 엄격하게 그 행동에 따른 결과를 책임지도록 해야 합니다(눅 12:47-48).

자녀가 자신의 잘못을 바로 인정하고 뉘우치며 같은 행동을 되풀이하지 않겠다고 결심하는 모습을 보이면, 벌을 줄이고 용서하는 것이 가장 효과적이고 지혜로운 처신일 수 있습니다. 그러나 계속해서 잘못을 되풀이한다면, 지금까지의 체벌이 너무 미약하고 효과가 없었다면, 부모는 솔직하게 어떤 점을 개선해야 하는지 고민해 보아야 합니다. 성경은 "네가 네 아들에게 희망이 있은즉 그를 징계하되"(잠 19:18)라고 말합니다.

자녀들이 울거나 부모를 속이거나 그럴 듯하게 타협함으로 행동에 따른 결과나 벌을 모면할 수 있다고 믿는다면, 어리석게도 성인이 되어서도 그런 방법이 통할 것이라고 착각할 것입니다. 조기에 자녀의 반항을 단호하게 처리하지 않는다면, 부모는 자기도 모르게 자녀들이 훗날 좌절과 실패의 세월을 살도록 이끌게 될 것입니다. 그러나 자녀들이 아직 어릴 때 사랑으로 일관된 훈육을 받는다면, 다섯 살이나 여섯 살 이후에는 거의 체벌이나 훈육이 필요 없을 것입니다.

"채찍과 꾸지람이 지혜를 주거늘 임의로 행하게 버려 둔 자식은 어미를 욕되게 하느니라 … 네 자식을 징계하라 그리하면 그가 너를 평안하게 하겠고 또 네 마음에 기쁨을 주리라."(잠 29:15, 17)

부록 2   가족과 함께하는 시간을
　　　　　　최대한 확보하기 위한 12가지 방법

1. **텔레비전과 전쟁을 선포하십시오.** 미국인들은 평균적으로 하루에 다섯 시간을 미디어 시청에 사용한다고 합니다. 시간으로 계산하면, 매년 쉬지 않고 꼬박 두 달 동안 하루 24시간씩 텔레비전 시청에 몰두한다고 할 수 있습니다. 사람들과 관계하지 않고 낭비하는 시간입니다. 텔레비전 리모컨의 전원 버튼에 강력 접착테이프를 붙이는 방법도 생각해 보십시오. 이런 한 가지 결정으로 가족들이 변화될 수 있습니다.

2. **학교를 과감히 빠져 보십시오.** 사전에 약속하지 않고 학교를 찾아가 아이를 데리고 근사한 점심을 먹어 보십시오. 아니면 일 년에 한두 번 단 몇 시간만이라도 담임 선생님에게 미리 말해서 조퇴하는 방법도 괜찮습니다. 다른 친구들이 모두 수업 중일 때 아빠와 낚시를 하거나 엄마와 쇼핑을 하는 시간을 가지면 아이들에게 잊지 못할 추억을 선사할 수 있습니다. 어릴 때 부모님이 이렇게 해주었으면 하고 바라지 않았습니까?

3. 짐을 챙겨 도시를 떠나 보십시오. 일 년에 한 번이라도 함께 여행을 떠나는 가족은 서로에 대한 유대감이 남다른 경우가 많습니다. 문제를 해결하기 위해 함께 힘을 모았던 시간들은 나중에 웃으면서 떠올릴 수 있는 즐거운 추억이 됩니다. 텐트를 준비하고 캠핑 장소를 물색해 보십시오. 이런 과정 자체가 절반은 즐거운 행복입니다.

4. 일상생활 속에서 서로 대화하며 교감하는 습관을 훈련하십시오. 신명기 6장 7절을 읽고 누구나 일상적으로 하는 네 가지 행동을 확인해 보십시오. 매일 자녀들과 이런 대화를 나눌 기회들을 찾아보십시오. 아침에 일어나면 안아 주고, 점심 때 함께 웃으며, 차에서 학교에서 있었던 일을 나누고, 잠자리에 들 때 이야기를 들려주며 취침 기도를 드리는 시간을 가지십시오. 이런 대화와 교감을 통해 결코 후회하지 않는 순간들로 가득한 추억이 쌓이게 될 것입니다.

5. 홈스쿨링을 시도해 보십시오. 홈스쿨링이 학교 교육의 효과적이고 흥미로운 대안이 될 수 있다고 생각하는 부모들이 해마다 늘고 있습니다. 홈스쿨링은 자녀의 교육을 그들을 가장 사랑하는 이들의 손에 다시 맡김으로 학업에 대한 스트레스를 줄이고, 가족의 신앙과 핵심 가치를 강화시키며, 시간에 구애받지 않고 가족 여행을 계획하고, 앞으로 더 큰 책무들을 감당하도록 자녀들을 미리 준비시키는 좋은 방편이 될 수 있습니다.

6. 자녀들을 출장에 함께 데리고 가십시오. 조금만 계획을 세우면,

아이들에게 미리 과제를 해놓게 하고 출장을 갈 때 함께 데리고 갈 수 있습니다. 출장길에 자녀를 데려가면 낯선 도시로 자녀와 여행할 때 소요되는 비용을 따로 부담하지 않아도 될 뿐 아니라, 출장이 훨씬 더 즐겁고 재미있을 수 있습니다.

7. **자녀들과 데이트를 하십시오.** 음식은 교제의 수준을 한 차원 높일 수 있는 확실한 방법입니다. 그러므로 점심이나 저녁 식사 시간 때 아이들과 외식을 해보십시오. 또한 저녁에는 각자의 일정을 모두 중단하고 가족이 함께 식사하는 시간을 중요한 우선순위로 삼으십시오. 이 시간을 이용해 서로를 섬기고, 서로의 안부를 물으며, 서로의 사정을 듣고, 가족 모두가 어떤 고민을 안고 있는지 알아가도록 하십시오.

8. **자녀들에게 집안일을 도울 기회를 제공하십시오.** 자녀들에게 당신이 하고 있는 일을 함께할 기회를 주십시오. 가벼운 청소나 장보기에 어린 조력자들이 동참할 기회를 주고, 집으로 돌아오는 길에 사탕이나 아이스크림을 사오도록 시켜 보십시오. 집안일에 자녀들을 제외시킬 필요는 전혀 없습니다.

9. **주일에는 안식하십시오.** 하나님은 가족들에게 매주 하루는 일을 멈추고 예배를 드리며 쉬라고 명령하셨습니다. 일요일은 주간의 노동과 일정을 내려놓고 쉬는 날로 삼으십시오. 예배를 드리고 오후의 낮잠을 즐기며 주중에 갖지 못한 가족들만의 시간을 가진다

면, 일주일을 살아갈 에너지를 재충전할 수 있을 것입니다.

10. 가정 예배를 시작하십시오. 일주일에 며칠간이라도 저녁 시간에 텔레비전이나 인터넷을 끄고 가족 모두 거실에 모여 30분가량 대화를 나누고 기도를 드리며 성경을 읽는 시간을 가지면, 자연스럽게 가족의 신앙을 북돋우고 하나님이 가족 관계에 개입하시도록 할 수 있습니다. 거창한 준비는 필요 없습니다. 격식 없이 기도하고 성경 한 장을 읽으며 함께 대화를 나누는 시간을 가지십시오.

11. 신용 카드를 없애십시오. 신용 카드 빚을 갚느라 힘들어하는 부모는 결국 그 비용을 메꾸기 위해 일을 해야 하므로 가족들과 함께 보내는 시간을 희생하기가 쉽습니다. 빚을 내서 살아야 한다면 그 정도의 비용을 치를 가치가 정말로 있는지 스스로에게 물어보십시오. 단순하게 살기 위해 모든 노력을 다하십시오. 단순하게 생활하고 현금으로 생활하는 훈련으로 자녀들을 지킬 수 있습니다.

12. 친구들의 환심을 사려고 하지 마십시오. 사람들은 종종 다른 사람들의 환심을 사느라 많은 시간을 허비합니다. 아이들은 당신의 자랑거리를 위해 여러 개의 악기를 연주하거나 운동을 할 필요가 없습니다. 시간을 탕진하지 않도록 한두 가지 관심 분야를 선택해서 집중하십시오. 직장의 성공이 가정을 등한시해도 될 정도로 가치 있는 일은 아닙니다. 일찍 귀가해서 가족과 함께할 수 있다면 올해의 우수 직원상 따위는 기꺼이 다른 사람에게 양보하십시오.

부록 3　　　자녀들을 위해 기도하는 법

> 우리도 항상 너희를 위하여 기도함은 우리 하나님이 너희를
> 그 부르심에 합당한 자로 여기시고 모든 선을 기뻐함과 믿음의 역사를
> 능력으로 이루게 하시고. (살후 1:11)

자녀들을 위해 어떻게 기도해야 하는지 막막한 적은 없습니까? 자녀들을 축복해 주시고 지켜 주시도록 하나님께 기도하고 나면, 자녀를 위해 기도해야 할 의무를 다했다고 생각하지는 않습니까?

마음 깊은 곳에서는 막연하고 일반적인 기도가 사실 게으른 기도라는 사실을 알고 있습니다. 물론 아예 기도하지 않는 것보다는 낫지만, 우리가 가족을 얼마나 사랑하고 관심을 가지는지 보여 줄 수준은 아닙니다.

다음에 소개한 기도 제목들은 성경에서 직접 발췌한 것으로, 열다섯 개의 구체적인 요청이 담겨 있습니다. 관련된 구절들을 살펴보고, 이 성경의 약속들을 근거로 각 자녀들을 위해 기도하며, 그들이 현재 직면한 상황이나 다루어야 할 문제에 적용할 수 있기를 바랍니다.

자녀들을 위해 하루도 쉬지 않고 기도의 제사를 드림으로, 자녀들을 향한 하나님의 최선 외에는 아무것도 바라지 않는 중보의 강물이 거침없이 흐르게 하십시오. 하나님께서 새로운 기도제목들을 주실 때 그 내용을 목록에 추가하고 하나님께서 어떻게 각각의 기도에 응답해 주시는지 살펴보십시오.

하나님은 믿음으로 끈기 있게 기도하는 사람에게 응답해 주겠다고 약속해 주셨습니다(마 7:7-8). 이 약속을 믿고 각 가족을 위해 기도하는 습관을 훈련한다면, 그들을 위해 기도하는 것을 가장 중요한 우선순위로 지켜 갈 수 있을 것입니다.

자녀들을 위한 기도

1. 온 마음과 뜻과 영혼과 힘을 다해 주 하나님을 사랑하고 이웃을 그들 자신들처럼 사랑할 수 있도록(마 22:36-40)

2. 어린 시절부터 그리스도를 주로 알아 가도록(딤후 3:15)

3. 악과 교만과 위선과 죄를 미워하도록(시 97:10; 38:18; 잠 8:13)

4. 인생의 모든 영역(영적, 정서적, 정신적, 육체적)에서 악으로부터 보호해 주시도록(요 17:15; 10:10; 롬 12:9)

5. 죄를 지었을 때 드러나게 하시고 하나님의 징계를 받도록(시 119:71; 히 12:5-6)

6. 주님이 주시는 지혜와 명철과 지식과 분별력을 얻도록(단 1:17, 20; 잠 1:4; 약 1:5)

7. 위에 있는 권세자들을 존중하고 순종하도록(롬 13:1; 엡 6:1-3;

히 13:17)

8. 좋은 친구들을 만나고 나쁜 친구들과 어울리지 않도록(잠 1:10-16; 13:20)

9. 신앙적으로 훌륭한 배우자를 만나고, 그리스도를 위해 살아갈 자녀들을 양육할 수 있도록(고후 6:14-17; 신 6)

10. 일생 동안 성적으로나 도덕적으로 성결하게 살아가도록(고전 6:18-20)

11. 주님 앞에서 늘 유순하며 깨끗한 양심을 지키도록(행 24:16; 딤전 1:19; 4:1-2; 딛 1:15-16)

12. 악을 두려워하지 않고 주를 경외하고 두려워하며 살아가도록(시 23:4; 신 10:12)

13. 가족과 교회에 복의 근원이 되며, 세상에서 그리스도의 뜻을 널리 전파하도록(마 28:18-20; 엡 1:3; 4:29)

14. 하나님을 아는 지식으로 충만하고 모든 선한 일에 열매를 맺도록(엡 1:16-19; 빌 1:11; 골 1:9)

15. 사랑으로 충만하며 가장 좋은 것을 분별하고 그리스도의 날까지 흠이 없도록(빌 1:9-10)

부록 4 　　　　　기도의 자물쇠와 열쇠

기도를 계속하고 기도에 감사함으로 깨어 있으라. (골 4:2)

기도의 자물쇠: 기도를 막는 열 가지

1. 예수님을 통해 하나님을 아는 지식이 없이 드리는 기도
"예수께서 이르시되 내가 곧 길이요 진리요 생명이니 나로 말미암지 않고는 아버지께로 올 자가 없느니라."(요 14:6)

2. 회개하지 않는 마음으로 드리는 기도
"내가 나의 마음에 죄악을 품었더라면 주께서 듣지 아니하시리라 그러나 하나님이 실로 들으셨음이여 내 기도 소리에 귀를 기울이셨도다."(시 66:18-19)

3. 사람에게 보이기 위해 드리는 기도
"너희는 기도할 때에 외식하는 자와 같이 하지 말라 그들은 사람에게 보이려고 회당과 큰 거리 어귀에 서서 기도하기를 좋아하느니라 내가 진실로 너희에게 이르노니 그들은 자기 상을 이미 받았느니라."(마 6:5)

4. 중언부언하는 기도
"또 기도할 때에 이방인과 같이 중언부언하지 말라 그들은 말을 많이 하여야 들으실 줄 생각하느니라 그러므로 그들을 본받지 말라 구하기 전에 너희에게 있어야 할 것을 하나님 너희 아버지께서 아시느니라."(마 6:7-8)

5. 구하지 아니한 기도
"너희가 얻지 못함은 구하지 아니하기 때문이요."(약 4:2)

6. 정욕으로 쓰려고 구하는 기도
"구하여도 받지 못함은 정욕으로 쓰려고 잘못 구하기 때문이라."(약 4:3)

7. 배우자를 홀대하며 드리는 기도
"남편들아 이와 같이 지식을 따라 너희 아내와 동거하고 그를 더 연약한 그릇이요 또 생명의 은혜를 함께 이어받을 자로 알아 귀히 여기라 이는 너희 기도가 막히지 아니하게 하려 함이라."(벧전 3:7)

8. 가난한 자를 돌아보지 않고 드리는 기도
"귀를 막고 가난한 자가 부르짖는 소리를 듣지 아니하면 자기가 부르짖을 때에도 들을 자가 없으리라."(잠 21:13)

9. 마음에 누군가를 미워하며 드리는 기도
"서서 기도할 때에 아무에게나 혐의가 있거든 용서하라 그리하여야 하늘에 계신 너희 아버지께서도 너희 허물을 사하여 주시리라 하시니라(그러나 용서하지 아니하면 하늘에 계신 너희 아버지께서도 너희 허물을 사하여 주시지 아니하실 것이다)."(막 11:25-26)

10. 믿지 않는 마음으로 드리는 기도
"오직 믿음으로 구하고 조금도 의심하지 말라 의심하는 자는 마치 바람에 밀려 요동하는 바다 물결 같으니 이런 사람은 무엇이든지 주께 얻기를 생각하지 말라 두 마음을 품어 모든 일에 정함이 없는 자로다."(약 1:6-8)

기도의 열쇠: 기도의 응답을 받게 하는 열 가지
1. 구하고 찾고 두드리며 드리는 기도
"구하라 그리하면 너희에게 주실 것이요 찾으라 그리하면 찾아낼 것이요 문을 두드리라 그리하면 너희에게 열릴 것이니 구하는 이마다 받을 것이요 찾는 이는 찾아낼 것이요 두드리는 이에게는 열릴 것이니라 … 너희가 악한 자라도 좋은 것으로 자식에게 줄 줄 알거든 하물며 하늘에 계신 너희 아버지께서 구하는 자에게 좋은 것으로 주시지 않겠느냐."(마 7:7-8, 11)

2. 믿음으로 드리는 기도
"그러므로 내가 너희에게 말하노니 무엇이든지 기도하고 구하는 것은 받은 줄로 믿으라 그리하면 너희에게 그대로 되리라."(막 11:24)

3. 은밀히 드리는 기도
"너는 기도할 때에 네 골방에 들어가 문을 닫고 은밀한 중에 계신 네 아버지께 기도하라 은밀한 중에 보시는 네 아버지께서 갚으시리라."(마 6:6)

4. 하나님의 뜻대로 드리는 기도
"그를 향하여 우리가 가진 바 담대함이 이것이니 그의 뜻대로 무엇을 구하면 들으심이라."(요일 5:14)

5. 예수의 이름으로 드리는 기도
"너희가 내 이름으로 무엇을 구하든지 내가 행하리니 이는 아버지로 하여금 아들로 말미암아 영광을 받으시게 하려 함이라 내 이름으로 무엇이든지 내게 구하면 내가 행하리라."(요 14:13-14)

6. 다른 성도들과 합심하여 드리는 기도
"진실로 다시 너희에게 이르노니 너희 중의 두 사람이 땅에서 합심하여 무엇이든지 구하면 하늘에 계신 내 아버지께서 그들을 위하여 이루게 하시리라 두세 사람이 내 이름으로 모인 곳에는 나도 그들 중에 있느니라."(마 18:19-20)

7. 금식하며 드리는 기도
"각 교회에서 장로들을 택하여 금식 기도 하며 그들이 믿는 주께 그들을 위탁하고."(행 14:23)

8. 순종하며 드리는 기도
"사랑하는 자들아 만일 우리 마음이 우리를 책망할 것이 없으면 하나님 앞에서 담대함을 얻고 무엇이든지 구하는 바를 그에게서 받나니 이는 우리가 그의 계명을 지키고 그 앞에서 기뻐하시는 것을 행함이라."(요일 3:21-22)

9. 그리스도와 그 말씀 안에 거하며 드리는 기도
"너희가 내 안에 거하고 내 말이 너희 안에 거하면 무엇이든지 원하는 대로 구하라 그리하면 이루리라."(요 15:7)

10. 주 안에서 기뻐하며 드리는 기도
"또 여호와를 기뻐하라 그가 네 마음의 소원을 네게 이루어 주시리로다."(시 37:4)

기도의 자물쇠와 열쇠 요약

1. 하나님과 올바른 관계를 유지해야 한다.
2. 이웃과 올바른 관계를 유지해야 한다.
3. 마음이 정직해야 한다.

> 부록 5

하나님과 화평을 누리는 법

> 그는 우리의 화평이신지라. (엡 2:14)

하나님은 그분을 기쁘시게 하고 영화롭게 해드리기 위해 우리를 창조하셨습니다. 그러나 우리는 교만과 이기심 때문에 이런 본연의 목적에 부합하지 못하고, 하나님께 영광을 돌리지 못하며 살 때가 너무나 많습니다. 부모인 우리든, 우리 자녀들이든, 우리는 모두 하나님께 범죄하여 그분이 우리 각자에게서 마땅히 받으셔야 하는 영광과 찬송을 돌려 드리지 못했습니다(롬 3:23).

그러므로 우리 중에 누구라도 스스로 선하다고 주장하는 사람이 있다면 스스로에게 솔직해야 합니다. 하나님을 무시하고 우리 삶에 가장 중요한 분으로 섬기지 못한 때는 없었습니까? 거짓말하고, 속이고, 음욕을 품고, 훔치고, 권위에 맞서고, 남을 미워함으로 하나님께 불순종하고 영광을 돌려 드리지 못한 적은 없었습니까? 이런 죄들은 이 세상에서 대가를 치를 뿐 아니라 하나님 앞에 의롭다 함을 얻지 못하게 하고, 하늘에서 하나님과 영원히 살지 못하게 합니다.

하나님은 모든 죄를 거부하실 수밖에 없으시므로 거룩하신 분이십니다(마 13:41-43). 또한 하나님은 완전하신 분이므로 우리가 그에게 범죄할 때 반드시 처벌하셔야 합니다. 그렇게 하지 않으면 의로운 재판장이 되실 수 없기 때문입니다(롬 2:5-8). 성경은 우리의 죄악이 하나님과 우리 사이를 갈라 놓았으며(사 59:2), "죄의 삯은 사망"이라고 말합니다(롬 6:23). 이 사망은 물리적인 사망일 뿐 아니라 하나님과 영원히 분리되는 영적인 사망입니다.

대부분 사람들은 우리가 간간히 행하는 선행으로는 우리의 죄를 해결하지 못하며 하나님 보시기에 죄를 깨끗하게 하지 못한다는 사실을 깨닫지 못합니다. 만약 이런 선행으로 죄를 깨끗이 할 수 있다면 우리는 자력으로 천국에 들어갈 수 있고, 하나님의 공의를 건너뛸 수 있으며, 우리가 받아야 할 형벌을 무효화시킬 수 있을 것입니다. 하지만 이것은 불가능합니다. 또한 그것은 하나님의 성품과 약속과 하나님이 마땅히 받으셔야 할 영광을 부정하는 것입니다. 그러나 희소식이 있습니다. 하나님은 공의로우실 뿐 아니라, 또한 사랑이 많으시고 자비로우신 분이라는 사실입니다. 하나님은 우리가 죄용서를 받고 하나님을 알 수 있는 더 좋은 길을 마련해 주셨습니다.

성경은 하나님이 우리를 사랑하시고 긍휼히 여기셔서 독생자 예수 그리스도를 세상에 보내셨고, 그가 죄 없는 삶을 사시고 우리를 위해 피 흘려 죽으심으로 우리의 죗값을 치르셨다고 말합니다. 이로써 그분은 우리가 저지른 모든 죄에 대해 하나님께 거룩한 제사를 드림으로 합당한 대가를 치르셨고, 우리가 받아 마땅한 심판과 형벌을 대신 받으셨습니다. 예수님의 죽음은 하나님의 공의를 만족시키면서도, 하나님의 자비와 사랑도 완벽하게 입증하였습니다. 예수께서 죽으신 후 사흘 만에 하나님은 약속하신 대로 예수님을 다시 살리시고(행 13:26-43) 그가 하나님의 아들임을 증명해 주셨습니다(롬 1:4).

"우리가 아직 죄인 되었을 때에 그리스도께서 우리를 위하여 죽으심으로 하나님께서 우리에 대한 자기의 사랑을 확증하셨느니라."(롬 5:8)

"하나님이 세상을 이처럼 사랑하사 독생자를 주셨으니 이는 그를 믿는 자마다 멸망하지 않고 영생을 얻게 하려 하심이라."(요 3:16)

예수 그리스도의 죽으심과 부활하심으로 우리와 우리 자녀들은 죄를 용서받고 하나님과 화평을 누릴 기회를 얻었습니다. 구원이 값없이 주신 선물로 보이지 않을 수도 있습니다. 하지만 성경은 하나님이 값없이 구원을 베푸심으로 그 은혜와 자비가 얼마나 풍성한지 보여 주기 원하셨다고 말합니다(엡 2:1-7). 하나님은 지금도 온 세상의 모든 사람에게 회개하고(행 17:30-31) 죄악된 길에서 돌이켜 구원을 주실 예수님을 겸손히 신뢰하라고 명령하고 계십니다.

우리 인생을 그분의 주 되심과 통치에 내어맡김으로 우리는 죄를 용서받고 영원한 생명을 값없이 받을 수 있습니다.

"죄의 삯은 사망이요 하나님의 은사는 그리스도 예수 우리 주 안에 있는 영생이니라."(롬 6:23)

전 세계 수백만의 사람들이 인생을 예수 그리스도께 의탁하고 하나님과 화평을 누리고 있습니다. 그러나 우리는 각자 선택하고 결단을 내려야 합니다.

"네가 만일 네 입으로 예수를 주로 시인하며 또 하나님께서 그를 죽은 자 가운데서 살리신 것을 네 마음에 믿으면 구원을 받으리라."(롬 10:9)

지금 인생을 예수께 의탁하지 못하게 막는 것이 있습니까? 죄를 용서받아야 하는 자신의 필요를 이해하고 하나님과 관계가 시작되기를 원한다면, 예수님의 이름을 부르며 인생을 그분에게 의탁하는 기도를 드리십시오. 자신의 실수를 정직하게 하나님께 아뢰고 하나님의 용서를 구하십시오. 죄에서 돌이켜 예수님을 믿으며, 그분이 우리를 위해 십자가에서 이루신 사역을 믿겠다고 결단하십시오. 그런 다음 마음을 열고 그분이 당신의 삶에 들어오시도록 초청하십시오. 그분이 온전히 충만하게 임하셔서 당신의 마음을 바꾸시고 다스리도록 하십시오.

이런 기도를 어떻게 드려야 할지 잘 모르겠다면 아래 기도를 참고하십시오.

주 예수님, 저는 당신께 죄를 지었고 하나님의 심판을 받아 마땅한 존재임을 압니다. 당신이 저의 죗값을 지불하시려고 십자가에서 죽으셨음을 믿습니다. 이제 저는 죄에서 돌이키며 당신의 용서하심을 구합니다. 예수님, 당신을 내 인생의 주인으로 모시겠습니다. 제 마음에 충만히 임재하시고 저를 통치해 주소서. 저를 변화시켜 주시고, 여생을 당신을 위해 살도록 도와주소서. 이 세상을 떠날 때 당신과 함께할 하늘의 집을 주셔서 감사합니다. 예수님의 이름으로 기도합니다. 아멘.

진심으로 기도를 드리고 예수 그리스도께 삶을 의탁했다면, 이제 이런 당신의 결정을 사람들에게 알리십시오. 그런 다음 이제부터 시작될 영적 여정의 중요한 걸음들을 내디뎌야 합니다.

먼저, 성경을 올바로 가르치는 교회를 찾아서 믿음을 공개적으로 고백하고 세례를 받으라는 그리스도의 말씀에 순종하고 싶다고 말해야 합니다. 이것은 예수님을 공개적으로 인정하고, 사람들과 믿음을 나누며, 새로운 영적 여정을 시작하는 데 중요한 표지가 됩니다. 건전한 교회를 찾아 정기적으로 출석하고, 예수 그리스도를 믿는 다른 성도들과 삶을 나누십시오. 그들은 당신을 격려하고, 위해서 기도해 주며, 성장하도록 도와줄 것입니다. 우리는 누구나 격려와 교제와 서로를 책임져 주는 도움이 필요합니다.

또한 이해하기 쉬운 성경책을 하나 마련해 매일 몇 분이라도 읽기 시작하십시오. 요한복음부터 시작해서 신약 성경 전체를 읽어 가면 좋습니다. 성경을 읽을 때 하나님을 사랑하고 동행하는 법을 가르쳐 주시도록 기도하십시오. 기도로 새 생명을 주신 하나님께 감사하고, 넘어질 때 죄를 고백하며, 필요한 것을 그분에게 구하며 하나님과 대화를 시작하십시오.

주와 동행하는 동안, 다른 사람들에게 믿음을 전할 기회를 하나님이 주신다면 놓치지 말고 잘 이용해야 합니다. 성경은 "너희 마음에 그리스도를 주로 삼아 거룩하게 하고 너희 속에 있는 소망에 관한 이유를 묻는 자에게는 대답할 것을 항상 준비하되"(벧전 3:15)라고 말합니다. 하나님을 알고, 그분을 사람들에게 전하는 것보다 더 큰 기쁨은 없습니다!

부모로서 자녀들에게 하나님을 알릴 수 있다는 것은 놀라운 특권입니다. 오래 전이든, 바로 지금이든, 믿음으로 그분의 은혜를 입어 하나님의 죄 용서하심을 받았다면 이 놀라운 소식을 가족과 자녀들에게 전하십시오. 아직 자녀들이 하나님을 모르고, 이제는 이 내용을 이해할 정도로 성장했다면, 그리스도 안에서 평강과 기쁨과 삶의 목적을 누리는 이 여정에 동참하도록 격려하고 초청하십시오.

하나님은 우리가 그분 안에서 확신과 평강을 누릴 길을 만들어 주셨습니다. 우리는 내일 일을 알 수 없지만, 그가 지금 우리와 함께 계시며 그로 인해 우리 영혼이 영원히 안전하다는 사실은 확실히 알 수 있습니다.

우리가 그분의 약속의 진리대로 살아가며 그분의 진리를 발견할 때, 하나님은 우리를 축복해 주십니다. 우리뿐 아니라 우리와 함께하는 모든 가족에게도 축복을 베풀어 주십니다.

부록 6 　　　**자녀들이 암송해야 할 성경 구절**

성인이 될 때까지 자녀들의 마음과 생각 속에 심어 주고 싶은 수많은 지식과 교훈이 있겠지만, 특히 성경 말씀은 인생의 모든 상황에서 신뢰할 수 있는 지침을 제공해 줄 것을 확실히 약속해 주고 있습니다. 특히 부모는 이 강력한 하나님의 말씀의 진리들을 늘 가까이하도록 자녀들을 격려함으로, 필요한 순간에 성령께서 이 말씀을 적용해 주심을 경험하도록 도울 수 있습니다.

성경을 암송하라고 하면 지레 겁부터 내는 사람들이 있습니다. 그러나 다른 것과 마찬가지로 관심을 집중하면 생각보다 훨씬 더 쉽게 성경을 암송할 수 있습니다. 성경 암송이 불가능하다고 말하는 것은 실제로 말씀을 암송할 정도로 열심을 내고 싶은 마음이 없기 때문입니다. 그러므로 목표를 높게 설정하여 성경 암송을 중요한 우선순위에 포함시키십시오. 하나님의 말씀을 마음에 어떻게 간직하는지 자녀들에게 모범을 보이기로 결단하십시오(시 119:11).

함께 성경 말씀을 암송하며 가족이 모두 하나 되는 즐거움을 누려 보십시오. 밤에 누워 잠을 청할 때나, 일하러 갈 때, 혹은 장을 볼 때 이 말씀을 생각하고 묵상하십시오. 흘러간 팝송을 듣거나 재방송을 보는 것보다 훨씬 유익할 것입니다. 그리고 이렇게 함으로 자녀들에게 진리와 지식과 변치 않는 지혜의 유산을 남기고 있음을 알게 될 것입니다.

자녀들이 암송하면 좋을 성경 구절들을 아래에 소개해 두었습니다.

중요한 주제

부모에게 순종함(엡 6:1-3)

하나님의 말씀을 소중히 여기고 따름(시 119:11, 105)

하나님을 신뢰함(잠 3:5-6)

하나님께 복종함(롬 12:1; 눅 9:23)

시간을 아낌(엡 5:15-16)

공의를 행하고 인자를 사랑함(미 6:8)

지혜로 행함(전 12:1, 13-14)

악한 친구들을 멀리함(고전 15:33)

유혹과 싸움(고전 10:13)

그리스도의 힘을 덧입음(갈 2:29; 빌 4:13)

죄를 고백함(잠 28:13; 요일 1:9)

다른 사람을 용서함(엡 4:32)

염려하지 않음(빌 4:6-7)

생각을 순수하게 지킴(빌 4:6-8)

예수를 알아 감(요 3:16; 10:10; 14:6; 15:5)

긴 구절

십계명(출 20:1-17)

구원의 길을 알려 주는 로마서 말씀(롬 3:23; 5:8; 6:23; 10:9-10)

가장 큰 계명(마 22:36-40)

대위임 명령(마 28:18-20)

주님이 가르쳐 주신 기도문(마 6:9-15)

하나님의 전신갑주(엡 6:10-18)

사랑의 본질(고전 13:4-8)

성령의 열매(갈 5:22-23)

암송할 장

시 1편; 15편; 23편; 91편; 139편

잠 3장

롬 6장; 8장; 12장

엡 4장; 빌 4장; 골 1장; 딤후 2장

부록 7   자녀의 생각과 생활을 알아보기 위한 질문

자녀와 데이트를 하거나 집에서 개인적인 대화를 나눌 때, 아래 질문들을 이용해 자녀의 생각과 생활에 대해 더 구체적으로 알아보십시오. 대화를 나누면서 더 궁금증이 생기는 부분이 있으면 추가적으로 질문을 하되, 대화의 수위를 밝게 유지하며 편안하고 열린 분위기를 유지하십시오. 말하기보다 듣는 데 집중하십시오. "사람의 마음에 있는 모략은 깊은 물 같으니라 그럴지라도 명철한 사람은 그것을 길어 내느니라"(잠 20:5).

일반적인 질문
- 어떻게 지냈니? 요즘 뭐하고 지냈니?
- 다음 달에 하고 싶은 건 뭐니?
- 지금 네 인생에 대해 가장 마음에 드는 점은 무엇이니?
- 지금 네 인생에 대해 제일 마음에 들지 않는 점은 무엇이니?
- 걱정이 되거나 스트레스를 받는 일은 없니?

희망과 꿈

- 언젠가 꼭 하고 싶은 일은 무엇이니?
- 앞으로 5년 뒤에는 네 인생이 어떻게 되었으면 좋겠니?
- 무슨 대가를 치르더라도 하고 싶은 일이 있다면 무엇이니?
- 세상에 누군가와 하루를 보낼 수 있다면 어떤 사람과 보내고 싶니? 그 이유는 무엇이니?
- 정말로 받고 싶은 선물이 있다면 무엇이니?
- 10억이 있다면 무엇을 하고 싶니?

사랑

- 과거에 널 위해 해주었던 일 중에 정말 사랑받는다는 생각이 들었던 일은 무엇이니?
- 앞으로 어떻게 해야 내가 널 사랑한다고 믿겠니?
- 아래 내용 중 가장 하고 싶은 것은 무엇이니?
  1. 부모가 안아 주거나 잠시라도 등을 두들기며 응원하는 말을 듣고 싶다.
  2. 함께 앉아 마주 보며 한 시간 동안 편하게 대화를 하고 싶다.
  3. 정말 하고 싶은 프로젝트를 완수하도록 누군가가 도와주었으면 좋겠다.
  4. 누군가가 격려의 말을 해주고, 마음에 드는 점에 대해 이야기해 주었으면 좋겠다.
  5. 멋진 선물을 받고 싶다.

자녀 양육

- 부모로서 내가 하는 일 중에 네가 정말 좋아하는 세 가지는 무엇이니?
- 나를 바꾸어야 한다면 어떤 부분이 바뀌어야 더 나은 부모가 될 것이라고 생각하니?
- 언젠가 네가 부모가 되었을 때, 너라면 다르게 자녀를 기를 것이라고 생각하는 부분은 무엇이니?
- 내게서 더 자주 듣고 싶은 말은 무엇이니?
- 네게 상처를 주었거나 잘못한 일은 없었니? 지금 나한테 화가 나 있지는 않니?
- 나한테 궁금한 것은 없니? 지금 고민하고 있는 문제는 없니?
- 너를 위해 어떻게 기도했으면 좋겠니?

자녀의 마음

- 지금 네 삶에 만족하니?
- 우리 가족의 일원이라서 기쁘니? 네 모습이 마음에 드니?
- 최근에 많이 생각했던 문제는 무엇이니?
- 함께 이야기하고 함께 시간을 보낼 때 가장 편안한 사람은 누구니?
- 너에게 상처를 준 사람은 없었니? 그들을 용서할 수 있었니?
- 과거로 돌아갈 수 있다면 그렇게 행동하지 않았으리라고 생각하는 일은 무엇이니?

- 내가 어떻게 반응할지 몰라서 말하기 힘들었던 것은 없니?
- 지금 하나님과 네 관계는 어떤 상태니?
- 하나님이 네게 원하신다고 생각하는 다음 결정은 무엇인 것 같니?

격려하고 잘 들어주십시오. 이 시간이 언쟁의 빌미를 제공하거나 자녀를 비판하는 시간이 되지 않도록 주의하십시오. 자녀들이 자신의 심경을 편안하게 드러낼 수 있는 시간이 되도록 하십시오.

"네 양 떼의 형편을 부지런히 살피며 네 소 떼에게 마음을 두라."(잠 27:23)

부록 8   생활 속의 하나님의 말씀

이 선언이 하나님의 말씀을 올바로 대하는 데 도움이 되기를 바랍니다.

> 성경은 하나님의 말씀입니다.
> 거룩하고 무오하며 절대적 권위를 지닙니다. (잠 30:5-6; 요 17:17; 시 119:89)
> 가르치고 책망하며 바르게 하고 의로 교육하기에 유익합니다. (딤후 3:16)
> 온전하게 하고 모든 선한 일을 행할 능력을 갖추게 합니다. (딤후 3:17)
> 내 발의 등이며 내 길에 빛입니다. (시 119:105)
> 내 원수보다 더 지혜롭게 합니다. (시 119:97-100)
> 인생의 폭풍을 만나도 흔들리지 않게 해줍니다. (마 7:24-27)
> 진리를 믿으면 진리가 나를 자유롭게 해줄 것입니다. (요 8:32)
> 말씀을 마음에 간직하면 유혹을 받을 때 나를 보호해 줍니다. (시 119:11)

말씀 안에 거하면 참 제자가 됩니다. (요 8:31)

말씀을 묵상하면 형통하게 됩니다. (수 1:8)

말씀을 지키면 상급을 받고 온전히 사랑할 수 있습니다. (시 19:7-11; 요일 2:5)

성경은 살아 있고 능력이 있으며 생각과 뜻을 분별하게 하는 하나님의 말씀입니다. (히 4:12)

성령의 검입니다. (엡 6:17)

꿀보다 더 달고 정금보다 더 사모할 것입니다. (시 19:10)

하늘에 영원히 굳게 서 있어서 절대 훼손할 수 없습니다. (고후 13:7-8; 시 119:89)

조금도 오류가 없는 절대적인 진리입니다. (요 17:17; 딛 1:2)

하나님에 대한 절대적 진리입니다. (롬 3:4; 16:25,27; 골 1)

인간에 대한 절대적 진리를 담고 있습니다. (렘 17:9; 시 8:4-6)

죄에 대해 진리를 말합니다. (롬 3:23)

구원에 대해 절대적 진리를 말합니다. (행 4:12; 롬 10:9)

천국과 지옥에 대해 절대적 진리를 말합니다. (계 21:8; 시 119:89)

주님 제 눈을 여셔서 진리를 보게 하시고
내 귀을 열어 진리를 듣게 하소서.
제 마음을 여셔서 믿음으로 진리를 받아들이게 하시고
생각을 새롭게 하사 소망 가운데 진리를 품게 하소서.
제 뜻을 복종시켜 사랑으로 진리를 실천하게 하소서.

진리를 들을 때 들은 자로서 책임이 있음을 알게 하소서.
말씀하신 진리에 순종하고자 하는 간절한 마음을 주소서.
저의 삶을 변화시키사 진리를 알게 하시고
마음에 부담을 주사 진리를 전하게 하소서.

주님, 지금 말씀하소서.
주의 뜻을 알고 따르고자 하는 열심을 주소서.
그 이상도, 그 이하도, 다른 아무것도 원치 않습니다.

Copyright © 2008 / by Michael Catt, Stephen Kendrick, and Alex Kendrick
All Rights Reserved

부모, 사랑을 배우다
하나님의 부모수업

1판 1쇄	2020년 5월 15일
1판 2쇄	2021년 5월 10일

지은이	알렉스 켄드릭, 스티븐 켄드릭
발행인	조애신
책임편집	이소연
디자인	임은미
마케팅	전필영, 고태석
경영지원	전두표

발행처	도서출판 토기장이
주소	서울시 마포구 망원로 26 토기장이 B/D 3F
출판등록	1998년 5월 29일 제1998-000070호
전화	(02) 3143-0400
팩스	(02) 3143-0646
이메일	tletter@hanmail.net
페이스북	www.facebook.com/togijangibook
인스타그램	@book.library.togi

ISBN	978-89-7782-434-8

- 이 책은 저작권 법에 따라 보호를 받는 저작물이므로 무단 전재와 무단 복제를 금합니다.
- 이 책의 전부 또는 일부를 이용하려면 반드시 저자와 도서출판 토기장이의 동의를 받아야 합니다.

도서출판 **토기장이**는 생명 있는 책만 만듭니다.
"우리는 진흙이요 주는 토기장이시니 우리는 다 주의 손으로 지으신 것이니이다" (이사야 64:8)